東北 小さな町小さな旅

懐かしい日本の町をたずねて

山と溪谷社

東北 小さな町小さな旅

目次

福島・山形

会津若松……8
会津士魂が息づき、江戸期の町方も残る

喜多方……12
小さな町に2600もの蔵がひしめく

三春……18
春はいたるところに桜咲く花の城下町

大内宿……24
山あいに江戸時代そのままに残る宿場

会津田島……30
南会津の拠点だった町に伝わる祇園祭

檜枝岐……34
全戸温泉を引いた山峡の村は尾瀬の入口

米沢……38
米沢藩中興の名君、上杉鷹山の城下町

上山……43
風情ある坂道を上り下り。いで湯の城下町

谷地……47
紅花で栄えた町。春、各家では時代雛を公開

《コラム》肘折温泉……50

金山……52
町並み景観づくり100年運動推進中！

松山……56
松山能の幽玄と武者行列の勇壮が相まって

羽黒……58
威厳のある宿坊が34軒並ぶ独特な雰囲気

《コラム》鶴岡……62

秋田・宮城

湯沢……64
7つも蔵元がある静かな城下町

横手……68
雪国の小正月「かまくら」の詩情に酔う

六郷……74
70を超える湧水の町、寺の町、巨木の町

角館……79
黒塀に桜舞う春、紅葉の秋…優雅な小京都

象潟……86
舟で九十九島をめぐった芭蕉の足跡探訪

カバー写真＝表:大内宿、裏:金山

岩手

青森

東北小さな町 索引MAP

妙高山
信越本線
長野
飯山線
佐渡島
越後線
上越線
上越新幹線
信越本線
関越自動車道
群馬
新潟
信濃川
阿賀野川
只見線
只見川
燧ヶ岳
檜枝岐 P34
磐越西線
磐越自動車道
羽越本線
飯豊山
会津若松
栃木
会津田島 P30
大内宿 P24
喜多方 P12
米沢 P38
米坂線
朝日岳
山形
庄内あさひ
鶴岡
鶴岡 P62
羽黒 P58
酒田
最上川
松山 P56
象潟 P86
鳥海山
月山
山形自動車道
肘折温泉 P50
谷地 P47
西川
寒河江
東根
金山 P52
陸羽西線
奥羽本線
湯沢
湯沢 P64
那須岳
白河
東北本線
東北新幹線
磐梯山
猪苗代湖
会津若松 P8
吾妻山
山形新幹線
山形上山
上山 P43
山形
蔵王山
山形蔵王
仙山線
宮城
陸羽東線
栗駒山
郡山
郡山
須賀川
水郡線
三春 P18
船引三春
福島西
福島飯坂
国見
福島
七ヶ宿 P94
白石
村田
仙台宮城
仙台南
仙台
白石 P90
村田 P96
古川
岩出山 P104
築館
若柳金成
一関
水沢
江刺 P140
水沢 P136
磐越東線
常磐自動車道
常磐線
福島
阿武隈川
塩竈 P100
仙台湾
石森 P112
登米 P106
気仙沼線
大船渡線
北上川
太平洋
牡鹿半島
大船渡 P132

本書をお読みになる前に

●歴史と伝統に支えられた町、文化や風土が息づく町などを東北の中から37カ所選びました。本書で取り上げた町以外にも、まだまだ魅力的な町はありますが、誌面の都合上、37カ所になりましたことをご容赦下さい。

●本書は町並み歩きの楽しさを主体に紹介したものです。観光施設や味処のガイドは、各町の最後のページに掲載しました。地図の中の‐‐‐‐はモデルコースです。時間の余裕があれば、モデルコースからそれた道を歩くのも思わぬ発見があって楽しいものです。〝小さな町〟はぶらりと気ままに歩くのが一番です。

●本書に掲載したデータは、２００３年１月現在のものです。

福島・山形

蔵の町や奥会津の山深い町、端整な家並みの町

会津若松

会津士魂が息づき、江戸期の町方も残る

あいづわかまつ
◉福島県会津若松市

「懸命」という言葉がこの町には相応しい気がしてならない。文字通り「命を懸けた」歴史を語り伝えて生きてきた。

　幾人の涙はいしにそそぐとも
　　その名は世々に朽ちとぞ思う

　藩主松平容保《まつだいらかたもり》が戊辰《ぼしん》戦争で自害した白虎隊《びゃっこたい》を弔った歌である。

　押し寄せる西軍（会津では官軍と呼ばない）が城下に放った火を落城と思いこみ、もはやこれまでと意を決した19人の少年たちは飯盛山《いいもりやま》で自らの腹に刀を突き立てた。

「武士たるもの死を以て誇りと忠誠の証とする」という士魂は純粋であるが故に哀れである。

　飯盛山に登ると少年たちの墓がある。そこから眺める五層の天守閣は会津士魂の象徴として聳えている。

　難攻不落の鶴ヶ城は、戊辰戦争（会津戦争）の6年後、明治政府の命令で取り壊しになったが、会津人の思いは強く、昭和40年再建された。

　その天守閣からは飯盛山がよく見える。はるかその先に名峰磐梯山《ばんだいさん》。

　会津若松の本格的な町作りは、天正19年（1591）、蒲生氏郷《がもううじさと》の入城から始まった。

　氏郷は織田信長の後継者とさえ目された非凡の武将であったが、秀吉が天下を取ると、その力量を怖れた秀吉に

会津人の心の支えだった鶴ヶ城天守閣は昭和40年に再建された

会津藩家老西郷頼母邸の復元を中心に会津歴史資料館、会津くらしの歴史館、食事処などが揃う会津武家屋敷

よってこの会津に追いやられたのである。氏郷は七層の天守閣を築くとともに、理想的な自由経済都市建設という夢を実現しようと町作りに着手したという。信長の夢を追ったのである。

御薬園で茶会が催されることもある

線香の煙が絶えない飯盛山の白虎隊十九士の墓

城下町の中心地だった大町四ツ角周辺には昔ながらの店が点在

商人が税を取られず自由に商売ができる、信長の「楽市楽座」をさらに発展させて「十楽」という制度を敷いた。また、氏郷は産業振興策にも力を入れ、会津の伝統産業であった酒や漆器の基礎を築いた。それらはいまも会津若松の重要な産業となっているのである。

　また氏郷は利休七哲の筆頭に数えられた一流の文化人で、秀吉の命令で切腹した千利休の子、少庵を会津に匿《かくま》い、茶道千家再興に力を尽くした。

　その少庵ゆかりの茶室「麟閣《りんかく》」が鶴ケ城内に復元されている。

　江戸時代になり、会津は徳川直系松平氏の統治するところとなって戊辰戦争を迎えるのである。

　会津にいまも逞しい町作りの息吹を感じるのは、この町が持続している「懸命」の精神を風土として伝えていることによるのかもしれない。

　いま市内には2つの〝楽市ゾーン〟が作られている。ひとつはかつての城下町の中央部で、城下町の賑わいを伝える老舗が軒を連ねている。もうひとつは飯盛山と東山温泉を結ぶ〝いにしえ夢街道〟と呼ばれるゾーンで個性的な店が点在している。古いものと新しいものが共存している町である。

味噌の老舗の満田屋で炭火焼の田楽が味わえる

江戸中期からの鈴木屋利兵衛は漆器と民芸品の店

会津若松を歩く

交通　JR磐越西《ばんえつさい》線会津若松駅下車
問合せ　会津若松市観光課 ☎0242・39・1251
歩き方　会津若松駅から会津バス飯盛山回り13分で飯盛山へ。そこから同バス7分で会津武家屋敷前（朝、夕は奴郎《やろう》ケ前《がまえ》バス停）下車。会津武家屋敷や松平家墓所へ行き、徒歩15分で御薬園《おやくえん》へ。さらに御薬園から徒歩20分で鶴ヶ城。

このコースとは逆の、会津若松駅→七日町周辺→鶴ヶ城→御薬園→会津武家屋敷→飯盛山→会津若松駅とめぐるボンネットバス「まちなか周遊バスハイカラさん」が1時間に1本運行する。主な観光地を一巡するには利用価値大。

最後に〝会津楽市〟と呼ばれる町方ゾーンを歩こう。城下町の中心だった大町四ツ角の西の七日町通りは、江戸期に繁栄を極めた通り。店蔵が点在し、七日町駅に近付くにつれ、蔵や木造の商家が多く残る。東の一之町通りは、明治以降、金融や官庁などが設置。大町四ツ角を挟んで南北に延びる通りは、野口英世が青春を過ごしたことから野口英世青春通りという。漆器や会津木綿、桐下駄、呉服などの老舗が連なる。会津若松は一日かけてめぐりたい。宿泊はバス20分の東山温泉やバス40分の芦ノ牧温泉がおすすめ。

名城、鶴ヶ城　再建された五層の天守閣内部は郷土博物館（400円）や展望台になっている。城内の茶室「麟閣」（200円）も必見。8時30分～17時（30分前に入場）、7月第1日曜～木曜と12月第1火曜～3日間休 ☎0242・27・4005

国の重文のさざえ堂

白虎隊記念館

歴代藩主の別荘に薬草を栽培した御薬園　国指定名勝庭園と約400種の薬用植物園が見もの。310円。開園時間や休園日は鶴ヶ城と同じ。☎0242・27・2472

見応えある会津武家屋敷　8時30分～17時（12～3月は9～16時30分）、無休、850円 ☎0242・28・2525

白虎隊が自刃《じじん》を遂げた飯盛山　スロープコンベア（250円）5分で白虎隊記念館（8～17時、400円）。さらに石段を上ると白虎隊十九士の墓と自刃の地。らせん状の不思議な形のさざえ堂（8時15分～日没、400円）もある。

会津の味と土産は数々ある　江戸時代の陣屋を移築復元した田季野《たきの》（無休）で輪箱飯《わっぱめし》を。味噌田楽《でんがく》なら満田屋《みつたや》（第1・3水曜休）。土産は地酒を筆頭に会津木綿や会津漆器、民芸品など。名菓も揃い、会津葵本店（無休）のカステラ菓子「会津葵」や本家長門屋（無休）の会津駄菓子を。

本家長門屋の会津駄菓子

小さな町に2600もの蔵がひしめく

喜多方

◉福島県喜多方《きたかた》市

蔵の町に来た。

とにかく蔵が多い。人口3万7000人のこの町に点在する蔵の数はおよそ2600余り。

市街の表通りはもとより、路地裏や郊外に至るまで多彩な蔵が建ち並んでいるのである。

この町に蔵が多いのは、喜多方の男たちの心意気ともいうもので、「40代で蔵を建てられないのは男の恥」という精神が根付いていることの表れである。明治13年（1880）に起きた喜多方大火の際、くすぶりながらも蔵だけが残ったという歴史もある。

その頑強さが喜多方の暮らしを支えてきた「うつわ」

酒造などの蔵が建ち並ぶ

喜多方は酒どころ。蔵元の一軒、大和川酒蔵は蔵の一部を公開

であったことは間違いないところである。

蔵を建てることが男のステータスであった喜多方は、蔵の中に生活も、文化も、そして心意気も凝縮させた。

その代表的な蔵が甲斐本家の蔵座敷であろう。

外壁を黒漆喰《くろしっくい》で塗り込め、座敷内部は、東京・深川か

味噌・醤油の金忠の蔵がある南町。付近は小原

肥料商、島三商店の蔵は喜多方の典型的店蔵

ら、選りすぐりの銘木、節なしの檜・紫檀《したん》・黒檀《こくたん》・鉄刀木《てっとうぼく》（タガヤサン）などを取り寄せて作り上げた重厚な座敷蔵である。この豪華な座敷蔵は、大正6年（1917）に4代目吉五郎が、新潟より棟梁を招き、各地の名家を見て歩き着工したという。

また、「喜多方蔵の里」に移築されている7つの蔵はそれぞれの用途に合わせた造りになっている。穀物蔵、味噌醸造蔵、座敷蔵、勝手蔵、店蔵、酒造蔵など、その内部構造の特徴がわかる。そして、この内部構造の見事さが喜多方蔵の心意気となっている。

会津若松の北方と呼ばれていた喜多

荒物屋の嶋新商店。裏に回れば普段の景色が

市街地から北へ車で20分の農村、杉山地区。立派な農家蔵が20棟ほどある

蔵とともに暮らす。先祖代々受け継いできた財産である

レンガ造りの蔵に入ると、東北有数の伊万里焼コレクションなどの古美術品が展示されている喜多方蔵品美術館

方は、江戸時代には物資の集散地として栄えていた。そのため物資の貯えに蔵を必要とし、同時に味噌や酒造といった醸造業にも蔵が最適だったことなどから、喜多方に多くの蔵が集中することとなったのであろう。

　そして蔵造りの名工を輩出することにもなったのである。

　喜多方は歩くところどこにも蔵がある。蔵の形も、その内部の造りも一様でなく、それぞれに個性があり、鏝絵《こてえ》で装飾された蔵や、蔵の寺などもあって実に飽きない。

　その個性はそれぞれが競い合うことによって生活の「うつわ」に磨きをかけ、町全体の蔵文化を育んできたといえる。

喜多方は懐かしい風景に出合う町

　さらにいえば、蔵の中に心意気を隠したといえなくもない。この競い合う心意気は、喜多方ラーメンにも表れているのではないかと思えてくる。

　130軒ものラーメン店が味を競っている。店主それぞれの趣向を凝らしたこだわりが個性を醸《かも》し出しているのかもしれない。

　蔵の町をゆったりと蔵馬車が走る。

喜多方はラーメンの町。人気のまこと食堂には長い列ができる

甲斐本家の蔵座敷。念入りの材料と造りに注目

喜多方を歩く

交通　JR磐越西《ばんえつさい》線喜多方駅下車。JR会津若松駅から会津バス43分のアクセスもある

問合せ　喜多方市商工観光課☎0241・24・5200

歩き方　蔵造りの建物が一番集中しているのはふれあい通り（中央通り）で、特に味噌・醤油醸造元の若喜商店縞柿の蔵座敷や竹久夢二も投宿したことがある笹屋旅館の辺りから甲斐本家蔵座敷の間が多い。甲斐本家までは駅から徒歩25分。途中の清川商店では酒蔵無料見学ができる。

三津谷集落にて

名水が湧く大和川酒蔵

甲斐本家から15分ほどの南町にも蔵の町並みがある。味噌田楽や味噌ソフトクリームが人気の味噌・醤油店金忠、モーツァルトを聴かせてもろみを発酵させている小原酒造など。ここは酒蔵見学可能。

帰路、駅近くの天満宮付近へ。漆器の木地蔵などがあり、**木之本**では蒔絵体験ができる。

駅前などにレンタサイクルの店が4軒。駅前から観光馬車（所要1時間20分、蔵の街観光センター☎0241・24・4111）も出ている。

周囲の石畳も風情がある大和《やまと》川《がわ》酒蔵北方《ほっぽう》風土館　寛政2年（1790）創業の造り酒屋を一部公開。利き酒も楽しみ。9～16時30分、無料、無休☎0241・22・2233

甲斐本家蔵座敷では店蔵のらせん階段も貴重　甲斐家の応接室は喫茶室に。9～17時、無休、400円☎0241・22・0001

全国の豪商などの美術品を収集・展示する喜多方蔵品美術館　9～20時、無休、350円☎0241・24・3576

福島県随一の大地主の離れ座敷を開放した会津うるし美術博物館　9～17時、無休、300円☎0241・24・4151

7棟の蔵、喜多方蔵の里　9～16時30分、無休、400円☎0241・22・6592

桐製品の産地ならではの桐の博物館　鼻緒付けやミニ下駄製作体験（要予約）もできる。9～17時、無休、500円☎0241・22・1911

足をのばして　5軒の農家が赤レンガの農家蔵をもつ三津《みつ》谷《や》集落へは喜多方駅から会津バス平沢行き16分三津谷下車。農家蔵が軒を連ねる杉山集落は同バス20分治里《じり》局前下車。

コシのある太麺で醤油味の喜多方ラーメン　市内に130軒もある。まこと食堂（月曜休）や坂内《ばんない》食堂（木曜休）で。

三春

春はいたるところに桜咲く花の城下町

みはる
◉福島県三春町

3つの春が一度に訪れる町。

三春はそうした伝承を伝えるところで、3つの春とは、梅、桃、桜を指す。三春は室町中期頃から城下町としての町並みが形成され、江戸時代には5万5000石を領する城下町として栄えてきた。

町の中央に位置する三春城跡は舞鶴城とも呼ばれ、大志多山《おおしだやま》の頂上にあった。頂上からは、遠くに吾妻山《あづまさん》、安達《あだ》

三春城を築いた田村氏三代の墓がある福聚寺

日本最大の枝垂れ桜といわれる三春滝桜。町の中心から南へ約4km行ったさくら湖の近くに、4月中旬咲き誇る

4軒ある高柴デコ屋敷のうちの一軒、恵比寿屋にて

恵比寿屋は橋本広司さんの家

太良山《たらやま》、阿武隈山《あぶくまやま》といった名峰が望め、眼下には城下町一帯が広がっている。

春になると三春城跡東斜面の梅、桃、桜の花が一斉に咲き始め、花の命を誇るように咲き競うのである。

町名はこの3つの春が同時に咲くところから付けられたという。

三春町を含む旧田村郡一帯は、枝垂《しだ》れのエドヒガンの植栽が盛んで、桜の季節には町全体が桜に埋まるというほどの景観である。

なかでも「三春滝桜」は、山梨県の山高神代桜《やまたかじんだいざくら》、岐阜県の根《ね》尾谷《おだに》淡墨桜《うすずみざくら》と並び、日本三大桜と賞賛された。「三春滝桜」は、根元の周囲11メートル、枝の広がりは北へ4・6メートル、東へ10・7メートル、南へ13・9メートル、西へ14・5メートル。枝は地面近くまで垂れている。花の色は濃い紅色で、「紅《べに》枝垂れ」と呼ばれている。樹齢千年の枝垂れ桜で国の天然記念物の指定を受けた名木である。

「三春滝桜」が世に広まるきっかけになったのは、江戸時代後期、天保年間に、三春藩士が上洛して公卿らとの会談のとき、滝桜が話題にのぼり、持参

300年の伝統を受け継ぐ三春張子は和紙を使った温もりのある人形で、どの家も見学可能。恵比寿屋にて

した絵が光格《こうかく》天皇の御覧に供されたことによるとか。

遠くから、上方から、横から、真下からと、見る角度によって桜の姿は変化する。まるで妖艶な女性が様々に姿態を変え、その美しさを演じているようにも見える。

戊辰《ぼしん》戦争で三春藩は官軍を支持した。このとき活躍したのが三春藩出身の河《こう》野広中《のひろなか》である。広中は官軍参謀の板垣退助と知り合い、明治維新後、板垣とともに自由民権運動の旗手として勇名

橋本一族の高柴デコ屋敷4軒は郊外の高柴にある

城山公園周辺には城下町の面影が残り、桜川沿いの家並みも風情がある

を馳せる。以来、三春は自由民権運動発祥の地として知られてきたのである。

町全体が桜で埋まる三春町は、祭りの数も多い。年間を通して祭りがあるといっても過言ではないほどで、なかでも、8月15日、16日の「盆踊り」は、その規模と華やかさで全国屈指といわれている。

春に咲き競う梅、桃、桜を愛で、葉桜を愛で、新緑には土蔵造りの町並みや神社、寺院を訪ねる旅も格別である。少し足をのばせば、四季折々の移り変わりが美しいさくら湖の散策が疲れをいやしてくれるに違いない。

山あいの町、三春に春の訪れ

三春を歩く

交通　JR郡山駅から磐越東《ばんえつとう》線13分三春駅下車

問合せ　三春町商工観光担当 ☎0247・62・2111

歩き方　三春駅から町の中心部に行くバスはあるが本数が少ないので徒歩かタクシーで。駅から徒歩20分で古い町並みが残る職人横丁。そこから桜川沿いを歩いて三春大神宮や福聚《ふくじゅう》寺、三春郷土人形館、歴史民俗資料館などをめぐり、城山公園へ。このコースで約3時間はみておこう。

2棟の土蔵に三春張子《はりこ》人形などを展示する三春郷土人形館

江戸期からの三春張子人形や三春駒をはじめ、東北の土人形、こけしなどを展示する。9〜16時30分、月曜（祝日の場合は翌日）休、200円 ☎0247・62・7053

小高い丘にあり、付近に桜が多い三春町歴史民俗資料館

舞鶴城の歴史資料や、三春で亡くなった雪村（雪舟と並ぶ水墨画の巨匠）の作品などを展示する歴史コーナーと、三春の職人や商家などを解説・

枝垂れ桜咲く三春町歴史民俗資料館

城山公園の西麓辺り。この周辺は町の中心部で駅から1.5㎞も離れている

展示する民俗コーナーがある。また、自由民権記念館も併設。9～16時30分、月曜（祝日の場合は翌日）休、300円 ☎0247・62・5263

舞鶴城跡を整備した城山公園
永正元年（1504）に豪族田村氏が築城したといわれ、江戸時代に改装。現在建物はないが、山頂に本丸跡があり、桜の名所。三春小学校の場所は藩主御殿の跡地で、校門は藩講所の表門。

豪族田村氏三代の墓がある福聚寺　観音堂には木造の十一面観音が安置。観音堂拝観は要連絡。☎0247・62・2569

見晴らしがいい三春大神宮
旧藩総社で江戸時代初期の絵馬が多い。春には野に山に桜花爛漫の三春を眺められる。

古い蔵を利用した三春郷土人形館

旧藩総社の三春大神宮

足をのばして高柴デコ屋敷へ
4軒のデコ屋敷で張子の製作を見学でき、絵付け体験もできる。三春駅からタクシー10分。本家恵比寿屋8～16時、第1・3木曜休、本家大黒屋9～17時、水曜休、恵比寿屋9～17時、木曜休、彦治民芸9～17時、不定休。

三春の味なら　太くてコシがある三春そうめんを五萬石《ごまんごく》（11～15時、17～21時、月曜休）で。土産は三春儀同《ぎどう》（9～20時、不定休）の味噌饅頭を。売切れのこともある。

大内宿《おおうちしゅく》

山あいに江戸期の姿のままに残る宿場

◉福島県下郷町

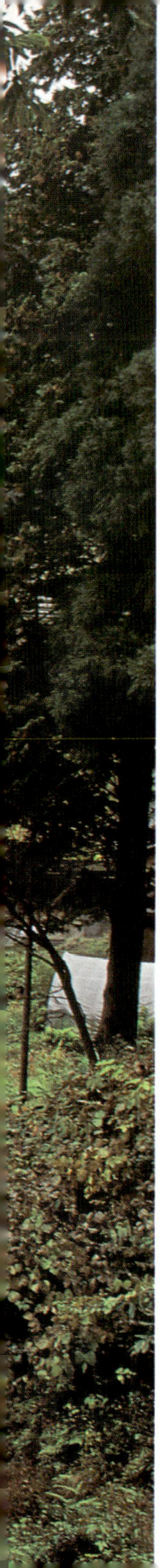

国の重要伝統的建造物群保存地区

会津下郷《あいづしもごう》は江戸時代、幕府の直轄領とされ、交通の要衝であった。

会津下郷駅の北側を走る国道121号線の道筋に会津西街道が分かれている。昔はこの街道が本道で、南山《なんざん》通りとも下野《しもつけ》街道とも呼ばれていた。

城下町会津若松と栃木県今市《いまいち》を結ぶ重要な街道で、数万俵の廻米《かいまい》や生活物資、参勤交代の大名行列、旅人がこの街道を通った。

その宿場として栄えたのが「大内宿」である。

旅人が泊まる宿屋や大名のための問屋本陣などによって、宿場稼ぎで村人の暮らしは潤ってきた。

明治17年（1884）、国道121号線の開通で大内宿はその道筋から外れ、人影も途絶え、いつしか忘れられてしまった。

その大内宿が村人によって守られ、蘇った。

茅葺《かやぶき》屋根の家並みが道の両脇に重なるように連なり、澄んだ水が流れる水路が走っている。

この水路は「日本の音

おばあちゃんの手作りの土産を売ったり、民宿を営んだり…。いま、大内宿に活気が蘇る

700mほどの街道筋に約40軒が建ち並ぶ。ここは一般車両進入禁止

食事処兼民宿の山形屋。囲炉裏端でイワナの塩焼きや栃餅を

街道筋から一歩奥に入れば、山深い里の暮らしの匂いが漂っている

風景」にも選ばれ、人通りが少ない静寂に包まれた時など、耳を澄ませばサラサラと心地よい音が聞こえてくる。

往時をしのばせる屋号の掛かった表札、広い座敷に切られた囲炉裏には旅人たちの賑やかな話し声が聞こえてくるような光景である。

大内宿に時間を凝固させたような祭りがある。7月2日の半夏《はんげ》まつりである。平家に反乱を起こし、この地に逃げてきた後白河天皇第二子高倉宮をしのぶ祭りである。

大内宿は茅葺屋根がすっぽりと雪に覆われた冬も美しい。月明かりの下で、水路を流れる水の音を聞きながら往時をしのぶのも旅の楽しみである。

その大内宿へは会津鉄道湯野上温泉《ゆのかみおんせん》駅からが便利である。

湯野上温泉駅は女性だけで運営されている珍しい駅で、湯野上温泉の案内だけでなく、大内宿や名勝塔のへつり

せせらぎで栃餅用の栃の実洗い

雪深い里は季節の花々をいとおしむ

大内宿の玄関、湯野上温泉駅は全国唯一の茅葺駅舎。待合室には囲炉裏もある

などへの案内もしてくれる。

湯野上温泉は古くから豊富な湯量と大川渓谷沿いの雄大な眺めで知られ、会津観光の拠点として栄えてきた。泉質はアルカリ性単純泉で美肌や疲労回復に効能があるという。

大川の対岸に珍しい風穴《ふうけつ》がある。中山風穴で、地の底から吹き出してくる冷風は真夏でもセ氏10度前後。地下1メートル付近では何と1度に満たない。これは中山（標高800メートル）の地中に無数の洞窟が存在し、春、雪解け水が岩石の間から洞窟に流れ込んで氷となり、外気の上昇する季節に冷風を吹き上げるのではないかといわれている。

塔のへつりは紅葉もさることながら初夏の山フジの花群れも見事

湯野上温泉駅の次の駅は塔のへつり駅で、無人駅である。

塔のへつりは何百万年もの長い歳月をかけて浸食と風化を繰り返して造り上げられたもので、渓谷の岩がまるで屏風のように聳え立ち、深々とえぐりとられた岩のアーケードを造っている。

自然と歴史に包まれた下郷にゆったりとした時間が流れる。

大内に潜行したという高倉宮を祀る高倉神社

大内宿を歩く

交通　会津若松駅から会津鉄道会津線45分湯野上温泉駅下車、タクシー15分

問合せ　下郷町企画観光課☎0241・69・1144

歩き方　大内宿は全長約700m。山の幸を味わったりしながら一巡しても2時間で充分。大内宿には民宿が12軒。

大名が使用した上段の間や檜風呂も再現した町並み展示館　本陣を復元し、昔の生活用具などを展示。茅屋根保護のため年中薪が焚かれている。9～16時30分、無休、250円☎0241・68・2657

後白河天皇第二子の高倉以仁《もちひと》王《おう》を祀る高倉神社　高倉宮は平清盛に反乱を起こし、この地に潜行したと伝わる。7月2日の例祭、半夏《はんげ》まつりは高倉宮渡御の行列を再現。

足をのばして周辺観光　中山風穴は湯野上温泉駅からタクシー5分。塔のへつりは湯野上温泉駅から会津鉄道6分塔のへつり駅下車、徒歩5分。湯野上温泉へは湯野上温泉駅から徒歩15分の範囲。大川の渓流沿いに旅館と民宿が30軒ほど。24時間入浴可能な共同露天風呂は江川橋のたもと。

信州・高遠と会津の関わりを知る珍しいそばを大内宿の三澤屋で　地粉の手打ちそばをつゆと大根おろし、鰹節で食べる高遠そばにネギが1本付く。このネギを箸代わりにし、薬味として時折かじる、という趣向だ。高遠の名は、会津藩主松平氏初代の保科正之《ほしなまさゆき》（後に松平姓）が高遠藩主の養子だったことによる。大根おろしと鰹節を添えたそばを会津では高遠そばと呼んでいるという。別棟では天然酵母パンも焼く。9～16時、無休☎0241・68・2927

そば打ち体験ができる大内宿食の館　大内宿の少しはずれにあり、個人でそば打ち可能。要予約。9～16時、水曜休☎0241・68・2800

南会津の食材を活かしたイタリア料理の店、トマチーナ　塔のへつり駅そばにあり、窯焼きピザやパスタなど本格的。11時30分～21時、不定休　☎0241・69・1855

本陣を復元した大内宿町並み展示館

三澤屋の高遠そばは地粉使用

名物イワナの塩焼き

4台の大屋台上での子供歌舞伎は祇園祭の一部。祇園祭は一年がかりの大行事

会津田島

南会津の拠点だった町に伝わる祇園祭

あいづたじま
◉福島県田島町

江戸時代、南会津271カ村は幕府直轄地、南山御蔵入《みなみやまおくらいり》であった。

田島には奉行の陣屋が置かれ、宿も軒を連ねていたという。さらに会津五街道のひとつ、会津西街道（下野《しもつけ》街道）の中央宿場として整備され、街道の検断が置かれていた。田島町南端の山王峠が会津と下野国（栃木県）との国境にあたり、そのふもとの糸沢宿は本陣のあったところで、本陣跡の山王茶屋は昔の大名行列の面影をいまに伝えている。会津西街道は若松—大内—田島—五十里《いかり》—今市を結び、日光から江戸までは日光街道で結ばれていた。

鎌倉時代は長沼氏が幕府からこの地を拝領し、北の守りを固めていたところである。

長沼氏は下野国に本拠を構える関東小山一族で、頼政（小山氏）、宗政（長沼氏）、頼光（結城氏）の小山三兄弟として鎌倉幕府で勇名を馳せていた。

その長沼氏の時代に始まったのが、800年の伝統を誇る「田島祇園祭《たじまぎおんさい》」である。正月15日の「お党屋お千度参り」に始まる一年がかりの民俗絵巻

国指定重要無形民俗文化財の祇園祭のクライマックスは七行器行列

祇園会館ではロボットを駆使して祇園祭を紹介する

で、長沼氏ゆかりの伝統を誇り、神祭りの原点が凝縮された格調高い神事が中心となっている。「お党屋」はその年の当番のことで、「お千度」とは参道の潔斎場と拝殿を幾度となく往復して身を清めることである。長い祭りの序曲といえる。

　祇園祭は7月22日から24日までの3日間で、クライマックスは23日。夜明け前の榊迎えに始まる神事が終日続く。ハイライトは古式ゆかしい七行器《ななほかい》と呼ばれる長い行列と御輿渡御《みこしとぎょ》。

　屋台に乗った大勢の子供たちの「オーンサーン、ヤレカケロ」の大合唱のなかを、夜更けまでけんか屋台と称さ

祇園太鼓などの太鼓を作る川田太鼓工房

秋も深まり、ソバの実の収穫にあわただしい山里に、茅葺屋根の南泉寺楼門が趣を添える

会津田島を歩く

交通　会津鉄道会津線会津田島駅下車※東京・東武浅草駅から会津田島行き快速3時間35分終点下車

問合せ　田島町企画振興課☎0241・62・6200

歩き方　会津田島駅の北側、徒歩3分で祇園祭ゆかりの田《た》出宇賀《でうが》神社や祇園会館。駅の南側に戻り、町役場へ。脇に**田島陣屋跡之碑**が立っている。江戸時代初期に南会津を統轄する陣屋が置かれていた所だ。駅から徒歩10分で旧南会津郡役所。背後の愛宕山には中世の長沼氏の居城、鴨山《しぎやま》城の跡がある。大門の石垣（復元）や土塁などが残っている。常楽院や南泉寺、細井家資料館は会津バスを利用。このバスは2時間に1本の運行なので細井家資料館までバスで行き、国道を避けながらのどかな道を歩いて各寺へ行くのもいい。

祇園祭を紹介する会津田島祇園会館　子供歌舞伎をロボットが演じる。9～16時30分、12～3月の火曜休、500円☎0241・62・5557

明治時代の洋館、旧南会津郡役所　郷土の考古資料や江戸期の百姓一揆、南山御蔵入《みなみやまおくらいり》騒動に関わる資料などを展示。9～16時、月曜（祝日の場合は翌日）休、200円☎0241・62・3848

南泉寺の山門は上層部が鐘楼で茅葺き　入山禁止の立札があるので楼門だけ観賞を。駅

柏屋の5段重ねの割子そば

足をのばして駒止湿原へ

れる歌舞伎屋台が曳き回される。

田島祇園祭屋台は4台で、西屋台、上屋台、中屋台、本屋台と呼ばれている。

4台の屋台はそのまま歌舞伎舞台となり、この屋台で子供歌舞伎が一斉に演じられる。

田島の中心地にある国権酒造

明治時代に建てられた旧南会津郡役所

演目は、「絵本太功記《たいこうき》十段目尼崎の段」、「南山《みなみやま》義民《ぎみん》の碑《いしぶみ》喜四郎子別れの段」、「時津風日の出の松鴫山《しぎやま》城内の段」、「一谷嫩《いちのたにふたば》軍記須磨の浦の段」などである。小学生から高校生までの総勢30人の子供たちが日頃の精進を披露する。この子供歌舞伎は平成6年、120年ぶりに復活された。

上演場所は22日、23日の両日で11～14カ所。ひとつの場所で7、8分の歌舞伎を上演しながら移動していくのである。全国にも、埼玉県秩父郡小《お》鹿《が》野《の》町、滋賀県長浜市などに子供歌舞伎が伝えられている。

歴史街道に残る民俗遺産を訪ねる旅。それは文化の確かな継承に触れる旅でもある。

名主だった細井家の古い資料

から会津バス山口・内川行き15分金井沢上下車。駅から同バス10分上福米沢下車でマリア観音がある常楽院。

名主の細井家資料館　古文書や陶磁器類などを展示。9～16時、冬期休、500円 ☎0241・62・0906

足をのばして駒止《こまど》湿原ハイキング　ブナの原生林に3つの湿原があり、ミズバショウやワタスゲ、ニッコウキスゲなどが咲く。駅から会津バス山口・内川行き26分駒止湿原入口下車、徒歩1時間30分。

会津田島の味なら　駅前の柏屋（10時30分～18時、第1・3日曜不定休）で割子そばを。土産は駅構内のステーションプラザ（8時30分～17時30分、無休）や国権酒造（9～20時、無休）で地酒を。

檜枝岐

全戸温泉を引いた山峡の村は尾瀬の入口

◉ひのえまた
福島県檜枝岐村

花と歩く。

そんな形容の似合うのが檜枝岐である。5月上旬、リュウキンカが黄色い花を咲かせると檜枝岐は冬の衣を脱ぎ捨てて、いのち燃える季節となる。

やがてザゼンソウが姿を現し、ミズバショウの可憐な姿が追いかけてくる。いよいよ尾瀬の山開きである。

檜枝岐は尾瀬の入口にあたり、毎年この季節になると尾瀬を目指すハイカーで賑わいをみせる。

尾瀬へは群馬県沼田ルートと福島県檜枝岐ルートがある。近年檜枝岐ルートが注目されているのは、その変化に富んだ自然の豊かさで、会津駒ガ岳と合わせて魅力に富んでいることがあげられる。

檜枝岐には夏の登山シーズンに合わせて開催される「檜枝岐歌舞伎」がある。「檜枝岐歌舞伎」は江戸後期の寛政、文化年代から２００年以上の歴史をもつ農村歌舞伎である。

かつて村人たちが伊勢参りなどに出かけた折に見物し、覚えたものを伝承してきたもので、役者はすべて村人から成り、代々役を継いでいる家もある。鎮守神社の境内にある合掌風の舞台で近松作品の演目を披露する。

六地蔵の隣には1150年前頃に開村した人の墓印だという大樹が残されている

2000m級の山々に囲まれた暮らしの厳しさを想う。現在は200軒余りの全戸が温泉を引き、約50軒が温泉宿を営む

縁結びと縁切りの神様、橋場のばんば

檜枝岐はいまでこそ道路が開通し、交通の便も良くなったが、かつては陸の孤島と呼ばれ、その昔は戦で敗れたものたちが檜枝岐に逃れ、ひっそりと隠れ住んだ辺境であったとも伝えられている。

中土合《なかどあい》公園に立てられている尾瀬大納言像はそうした伝説を秘めた人物で、尾瀬の地名の由来にもなっている。

村の中心部の道筋に六地蔵と呼ぶ6体の石像がある。

1730年の頃、山間の高冷地で農作物の収穫に恵まれず、凶作の年などに間引きされた嬰児と母の嘆きを慰めるために立てられたと伝えられている。

色鮮やかな衣装が悲しみを誘う。

食料を保管する板倉《いたくら》にも凶作に備える村人の工夫がある。火事に備えて家から離れた畑の中に建てられた穀物倉庫で、窓がなく、板で四面をめぐらせ、柱と釘はいっさい使っていない。厚板を組んで積み上げたもので奈良の正倉院と同じ工法であるという。現在、1棟だけが残されている。

檜枝岐は温泉の郷でもある。旅館はもとより一般家庭まで温泉が引かれ、自然散策や燧《ひうち》ガ岳、会津駒ガ岳登山の客に評判の湯である。

また、檜枝岐の民芸品には山人たちの冬の手仕事として受け継がれてきたものが多く、曲輪《まげわ》やこねばち、杓子などをいまも作っている人がいる。

自然を守り、自然と共生しながらしっかりと生きている檜枝岐は、いやしの郷として旅人の心を和ませてくれるに違いない。

平野守克さんは40年以上「はんぞう」（こねばち）を作り続けている

雪深い里では早くから冬の準備

燧ガ岳を仰ぐ尾瀬沼のほとりの大江湿原。夏にはニッコウキスゲが一面に咲く（写真＝花畑日尚）

檜枝岐を歩く

交通　会津鉄道会津高原駅から会津バス檜枝岐・尾瀬沼山峠行きバス1時間15分檜枝岐中央下車※東京・東武浅草駅から会津田島行き快速3時間15分会津高原駅下車

問合せ　尾瀬檜枝岐温泉観光協会☎0241・75・2432

歩き方　集落はアルザ尾瀬の郷を過ぎ、見通橋を渡った辺りから始まる。**六地蔵**や**板倉**など見どころは中央バス停周辺に集まっており、ミニ尾瀬公園まで歩いても30分ほど。

おばあさんの石像、橋場のばんば　鎮守神社参道の途中にある。水神様だが、縁結び、縁切りの神様として信仰され、悪縁を切りたい時は新しい鋏を、良縁で切りたくない時には錆びた鋏を供えるという。また、ばんばの頭にお椀をかぶせると願いが叶うとか。

観光案内所を併設の歴史民俗資料館　8時30分～17時、12～4月休、210円　☎0241・75・2432

尾瀬の花に会えるミニ尾瀬公園　ミニといっても総面積8万㎡。川や滝、池塘《ちとう》などを再現し、尾瀬に咲く花々を植栽。一周約40分。園内の武田久吉《ひさよし》メモリアルホール（8時30分～17時、12～4月休、200円）は尾瀬の自然保護運動に尽力した武田久吉の足跡を知る品々が展示。☎0241・75・2065

村の財産、檜枝岐歌舞伎　毎年、鎮守神社境内の舞台で上演。5月12日、8月18日、9月第1土曜の18～21時。9月のみ有料（宿泊客は無料）。問合せは観光協会へ。

山菜・キノコ鍋。檜枝岐の代表的料理

日帰り温泉施設は3カ所　大露天風呂や温水プールのあるアルザ尾瀬の郷（10～19時、木曜休、風呂のみ750円）、公衆浴場で露天風呂がある駒の湯（6～21時、水曜のみ12時～、無休、500円）、平成12年オープンした燧の湯（時間等は駒の湯と同じ）。

日帰り温泉施設「燧の湯」の露天風呂

足をのばして尾瀬へ　尾瀬へは檜枝岐中央バス停から会津バス1時間15分で終点の沼山峠バス停。バスは5月下旬～10月下旬のみ運行。ここから1時間ほど歩くと尾瀬沼。

檜枝岐の味と土産　つなぎを使わない裁《た》ちそばをアルザ尾瀬の郷交流センター内の食事処（10時30分～16時30分、木曜休）で。木工品は木工品展示販売所（8時30分～17時、無休）で。

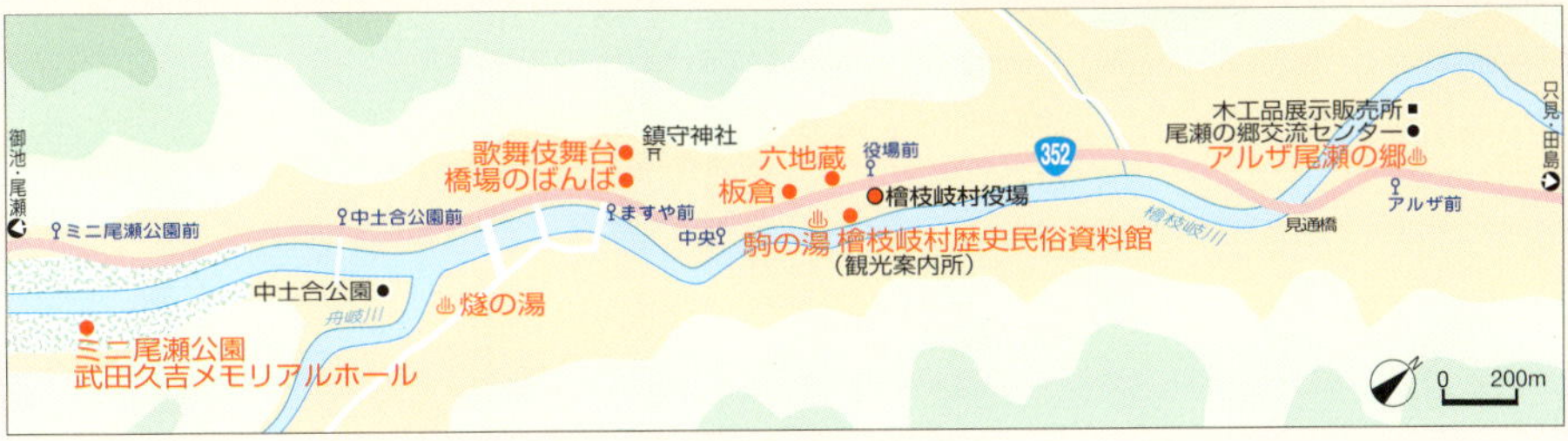

米沢藩中興の名君、上杉鷹山の城下町

米沢《よねざわ》

◉山形県米沢市

上杉家歴代藩主を祀る上杉家廟所。樹齢400年を超す老杉に囲まれている

米沢城跡、松岬公園。石垣と堀だけを残し、本丸跡には上杉謙信公を祀る上杉神社がある（写真＝芦澤武仁）

どこの地域にも特産品というのは多く見られるが、およそ220余年の長きにわたってその地域の産業を支えてきたというのは稀なことである。

しかも、その特産品は、一国の財政が破綻し、国内が疲弊のどん底に喘いでいた時の改革の象徴となり、その後の道標となった。

米沢は、江戸中期、幕府はもとより全国諸藩が財政破綻の渦中にあった時、ほとんど破産状態のなかから蘇った稀な藩である。

その大改革がよそ者の養子藩主によって断行されたということも稀なことといわねばならない。

米沢にはいまも、その偉大な改革者の足跡が町のいたるところに残っている。

風光明媚な観光地ではないが、米沢の町を歩いていると名君上杉鷹山《ようざん》の決意がここに暮らす人々の口から伝わってくるのである。

上杉鷹山（治憲《はるのり》）は弱冠17歳で第十代藩主として米沢に入った。明和4年（1767）のことである。

その当時の米沢藩は幕府への領地返上を決意するほどまでの財政窮乏に追い詰められていた。

鷹山はほとんど破産状態の藩を継いだわけで、しかも養子である。

鷹山は日向高鍋《ひゅうがたかなべ》藩主秋月種美《たねみつ》の次男

平成13年は鷹山生誕250年。上杉家廟所の参拝客も増えるだろう

宮坂考古館には上杉謙信ゆかりの品から民俗資料まで所蔵

慶長2年（1597）創業の小嶋総本店は米沢藩の御用酒屋で現在23代目。古い酒蔵を酒蔵資料館として公開している

に生まれ、母が米沢藩主重定と従姉関係にあったことから9歳で上杉家の養子となった。

青年藩主が家督を継いだ米沢藩は、老臣や大家意識の抜けきらない藩士が牛耳り、身動きの取れない状態であった。

鷹山公は武士といえども時には刀を鍬に替えて国を養うことを説き、実践した。自らは一汁一菜を通し、農民への援助、殖産興業、開拓、水利事業など倹約を旨とする民政の安定、経済の復興を徹底した。

老臣や大家意識の抜けきらない藩士を排除し、若い有能な側近を藩改革の

鷹山が奨励した米沢織はいまなお健在。織元の「織陣」2階は米沢織の歴史資料館

お鷹ぽっぽに代表される笹野一刀彫の工人、戸田寒風さんは匠の技を受け継ぐ

古代織や原始布を展示する原始布・古代織参考館

上杉藩御用達の旨味を伝える花角味噌醸造

最前線に投入したのである。徹底した意識改革、財政改革、構造改革である。

いまに伝わる米沢鯉、農家の冬の副業として奨励した笹野《ささの》一刀彫《いっとうぼり》、成島焼、長井紬、深山和紙、下級武士の内職として機を織らせたのが始まりという米沢織など枚挙に尽きない。

米沢は、はじめ伊達政宗が統治していたが、豊臣秀吉によって会津藩主上杉景勝の側近直江《なおえ》兼続《かねつぐ》の領地となった。その後関ヶ原で東軍徳川家康に敗れたため、上杉藩はこの狭い米沢盆地に押し込められてしまったのである。

明治新政府によって廃城となった米沢城跡にある上杉神社の入口に立つ鷹山公像は、およそ藩主に似つかわしくない普段着の像である。この服装に鷹山公の決意が読みとれる。

鷹山公の足跡を訪ね、付近に点在する温泉に浸れば旅の余韻が心地よい。

米沢を歩く

交通　JR山形新幹線・奥羽本線米沢駅下車

問合せ　米沢市商工観光課 ☎0238・22・5111

歩き方　起点は米沢駅から山《やま》交《こう》バス白布《しらぶ》温泉行き10分の上杉神社前バス停。見どころはほとんどが1km圏内。少し離れている旧米沢高等工業学校本館へはバス停から徒歩15分、上杉家廟所へは約30分。足に自信がない場合は、米沢駅から山交バス小野川温泉行きに乗って15分の御廟前バス停で降り、廟所を拝観してから町歩きを始めた方がいい。

松岬公園内の上杉神社

米沢市郊外にある古社、笹野観音

旧米沢高等工業学校本館は国の重要文化財

駅近くの宮坂考古館　米沢藩関係の重要文化財から置賜《おきたま》地方の考古・歴史資料まで約700点余を収蔵。10〜17時（10〜3月は〜16時）、月曜（祝日の場合翌日）休、300円 ☎0238・23・8530

上杉神社を中心にした松岬《まつがさき》公園周辺　旧上杉伯爵邸を上杉記念館（9〜17時、冬期10〜16時、水曜休）として公開。近くに市立新博物館・県立置賜広域文化施設（9〜17時、月曜休、400円）があり、上杉鷹山の業績の解説や可動式能舞台を設けている。

杉木立の中の上杉家廟所　9〜17時、無休、200円 ☎0238・23・3115

藩の殖産振興としての歴史を知る米沢織物歴史資料館　手織体験もできる（要予約）。1階は「織陣」直営店。また、建物は大正年間の建築。9〜17時、無休、300円 ☎0238・22・1325

原始布・古代織参考館　10〜16時（1〜3月要予約）、無休、500円 ☎0238・22・8141

上杉城史苑では米沢牛も販売

酒造資料館・東光《とうこう》の酒蔵　9〜16時30分、無休、310円 ☎0238・21・6601

ルネッサンス様式の旧米沢高等工業学校本館　山形大学工学部の前身で明治時代にイギリス人が設計。内部見学は要予約。9〜15時 ☎0238・26・3011

足をのばして通町や芳泉《ほうせん》町の武家屋敷から笹野観音へ　下級武士の屋敷が連なる。食用のウコギを生垣にし、柿や栗を畑に植え、池には鯉や鮒を飼う。上杉鷹山の精神が息づいている興味深いエリア。米沢駅から市民バス松原関根線14分通町7丁目下車で通町の武家屋敷へ。いったん駅へ戻り、山交バス白布温泉行き18分南原《みなみはら》支所前下車、徒歩20分で芳泉町の武家屋敷（南原石垣辺り）へ。笹野観音や笹野一刀彫の鷹山・戸田寒風（9〜17時頃、無休、実演見学は要予約☎0238・38・3200）、笹野民芸館（9〜17時、無休☎0238・38・4288）へは南原支所前バス停から徒歩15〜20分。

老舗「鯉の宮坂」の鯉甘煮

米沢牛をはじめ米沢の味なら織元の屋敷を利用した吉亭《よしてい》（11〜14時、17〜20時、不定休☎0238・23・1128）でステーキやしゃぶしゃぶを。「米沢藩御用掛込蕎麦」で現在12代目の粉名屋小太郎（11時30分〜20時、月曜休☎0238・21・0140）の細打ちそばもおすすめ。

米沢牛から民芸品まで揃う上杉城史苑（9時30分〜17時30分、無休）や米沢駅ASK《アスク》（8〜18時、無休）は利用価値大。宮坂の鯉甘煮も両店で販売。

上山

かみのやま
◉山形県上山市

風情ある坂道を上り下り。いで湯の城下町

上山には地区ごとに共同浴場があり、いずれも50円

新湯の村尾旅館の脇が湯出坂。江戸期、この東側が外堀だった

歌人斎藤茂吉は上山市金瓶で生まれた。そこに斎藤茂吉記念館が建っている。そして記念館の背後には名峰蔵王連峰が横たわるように聳えている。

茂吉は、

陸奥をふたわけざまに聳えたまふ
　蔵王の山の雲の中にたつ

と詠んだ。

記念館から見るその蔵王連峰の姿がことさら美しい。

スキーで賑わう蔵王連峰は、熊野岳（1841メートル）を主峰に、刈田《かった》岳、地蔵山、熊野岳などを総称した言い方で、昔から信仰の山として崇拝されてきた。

茂吉が愛した上山市は、JR奥羽本線上山駅を中心に広がっている。城下町としての顔、宿場町としての顔、温泉町としての顔と、旅人の見る目でその表情を変えるのである。

狭い盆地に凝縮されたようなこの町は、幾つもの風情のある坂道が湯の町を縦横に走り、坂道の奥の共同浴場からはカラン、カランと桶の音が響き、ほのかに湯の香が漂ってくる。

古くから温泉が湧くと伝えられてきた湯出《ゆいで》坂、眺める名月が素晴らしい月侍坂、袖が触れ合うほどに道幅が狭い袖摺《そですり》坂など坂道の名がおもしろい。

上山温泉は、長禄2年（1458）、旅の僧月秀が、沼辺の水で脛《はぎ》をいやしている一羽の鶴を見て湧き出る温泉を

上山温泉で最も歴史が古い湯町はいで湯情緒が漂っている

昭和天皇ご宿泊の村尾旅館の風呂

発見したと伝えられている。

　上山の町並みを望見できるのが上山城である。この城は昭和57年に再建されたもので、市民による「瓦一枚運動」によって290年前の奥州の名城を蘇らせた。上山の地は最上氏の最南端の城塞であったことから、米沢の伊達氏や上杉氏との攻防の舞台となった。その後、最上氏改易により松平、土岐《とき》氏らの居城となり、城下町まで含めた施設が整うのは土岐氏の治世下のことである。

　月岡・天神森に聳える壮麗な上山城は「羽州の名城」として広く知られた。その上山城は元禄5年（1692）、土岐氏の転封とともに、幕府によって取り壊されたのである。

　上山に京都・大徳寺の僧沢庵《たくあん》禅師が3年間過ごしたゆかりの草庵がある。春雨《はるさめ》庵である。

　土岐氏の治世時代の寛永6年（1629）に、紫衣《しえ》事件が起こった。この事件は、大徳寺、妙心寺などの僧への紫衣着用の勅許を江戸幕府が無効とした事件で、後水尾天皇の退位にまで発展し、幕府の処置に反対した大徳寺の僧沢庵らが処罰された。その沢庵の配流されたのがこの上山であった。

　春雨庵は城主土岐頼行が沢庵禅師に贈った草庵で、沢庵禅師はここで城主の手厚い保護を受けながら、詩歌を詠み、上山藩の教導に務めたという。

　ガマ寺と呼ばれている浄光寺の庭園は沢庵禅師の作庭といわれている。

　しっとりと噛みしめる味のある町である。

雪の上山城。天守閣からの蔵王の眺めは格別で、桜咲く春も優美

沢庵和尚が3年間過ごした春雨庵

湯出坂を上って中の坂へ。武家屋敷が4棟ある

上山を歩く

交通　JR山形新幹線かみのやま温泉駅下車

問合せ　上山市観光課☎023・672・1111

歩き方　町歩きをしていると何に出合うか分からない楽しみがいっぱいある。上山城は町歩きの最後にとっておいて、まずは眉川橋を渡って十日町温泉へ。下大湯共同浴場のひなびたたたずまいがいで湯情緒たっぷり。隣の高みにある湯の上観音の手洗鉢には温泉がそそがれている。近くの湯町が上山温泉発祥の地で、鶴の休石から源泉が流れ出している。大型旅館と昔ながらの湯宿も残り、落ち着いた温泉場をなしている。国道を渡った先に沢庵禅師作庭の浄光寺庭園（事前に要連絡☎023・672・0810）。隠れた名園である。

武家屋敷が4軒連なる中の坂は緑の多い閑静な雰囲気。ここが奥州三名湯といわれる上山温泉の一角だということを忘れる。坂を降りると新湯。大型の風格ある旅館が集まり、大勢の温泉客を迎えている。新湯から春雨庵は徒歩5分。日中開放している春雨庵の佗びたたずまいと、花が絶えず咲き、手入れの行き届いた庭に心が安まる。1000を超える鳥居が圧巻の栗川稲荷にも立ち寄りたい。この行程で1時間30分ぐらい。上山は坂道と小道が多く迷路のよう。気ままに歩いても案内板や坂道名を記した道標があるので足の向くまま歩くことをおすすめ。ちなみに6カ所の共同浴場は各50円。

蟹仙洞博物館の展示物は貴重

斎藤茂吉記念館の茂吉像

沢庵和尚ゆかりの浄光寺

上山はサクランボの特産地

天守閣が郷土資料館の上山城　9～16時45分、無休、400円☎023・673・3660

漆工芸コレクションでは国内屈指の蟹仙洞《かいせんどう》博物館　酒蔵風の建物と庭園も見事で、見応えは充分。9～17時、火曜休、600円☎023・672・0155

季節ごとの果樹もぎとりが人気　6～7月はサクランボ、7月中旬～10月はブドウ、9～11月はリンゴ、10月中旬～11月はラフランスなど。問合せは上山市観光課へ。

足をのばして斎藤茂吉記念館へ　かみのやま温泉駅の隣の茂吉記念館前駅から徒歩3分。9～17時、7月第2週の7日間のみ休、400円☎023・672・7227

谷地《やち》

紅花で栄えた町。春、各家では時代雛を公開

◉山形県河北町

紅花資料館には、旧家に保存されていた古今雛（上）や享保雛を展示

鮮やかな紅色の紅花染。上は染料の"紅餅"

染料や口紅になる紅花は京に運ばれ、最上川流域の紅花商は巨利を得た

江戸時代には阿波の藍玉《あいだま》と並んで東西染料の両翼にあげられた出羽の紅花《べにばな》は、最上川を下り、日本海を船に揺られて京の都へと運ばれていった。

紅花は7月半ばにはほんのりと赤味を帯びて、2、3片の花びらが朱色に滲む、いわゆる「三片紅」の頃が摘み取りの季節で、まさに咲き誇る直前。花の時期は約2週間で、満開の紅花を見た人は幸運といわれるほどで、それが月明かりに妖艶な姿で咲き競っている風景などめったに見ることはできないに違いない。それを見たさに毎年出かける人もいると聞く。

いずれにしても咲き誇る直前に摘み取られる紅の色合いは、花の情念が昇華した一途さが秘められているようにも思われるのである。

紅花は奈良時代の「大宝令」にも見え、天平貴族の装束を彩り、官女の化粧にも用いられた。この時代には出羽国（山形県）は記録にない。

山形県の紅花の歴史を伝える最古の資料は、天正年間（1573〜1591）初期のものとみられる「本願寺教如請取状《きょうにょうけとりじょう》」（河北《かほく》町安楽寺所蔵）といわれている。

谷地の門徒が本願寺に寄進した紅花に対して教如が受取状を書いたもので、これには寄進した多数の農民の名が記されており、この地で紅花栽培が盛んに行われていたことは疑いない。

月山《がっさん》の見えるところには紅花を作れという諺がある。まさにこの地方は良質の紅花の産地で、「最上《もがみ》紅花」と呼ばれた。京・大坂はもとより江戸においても大評判をとり、紅花商人は大きな利益をあげたのである。

紅花は華やかで優雅な京の文化をもたらした。それは谷地に残る「谷地ひなまつり」に見ることができる。

谷地どんがまつり（9月14〜17日）で奉納される谷地舞楽

谷地は最上川舟運で賑わった。時は流れ、静寂をとり戻す

毎年月遅れの4月2、3日に「ひな市」が立つ。江戸時代、谷地城主白鳥十郎が開いた旧暦3月2日の市が雛の市に当たるのでいつしか「節句市」「おひな市」と呼ばれるようになり、いまに至っている。

旧家に伝わる雛人形はそれぞれの家で所蔵の雛人形が飾られ、公開される。鈴木本家11代当主の鈴木英友さんは現在銀行員であるが、代々伝わる幾つかの雛人形を見せてくれた。初代雛屋次郎左衛門の立雛《たちびな》や瓜実顔《うりざねがお》で端整な享保雛《きょうほうびな》など見事なものばかりで、紅花で栄えた河北町をしのばせる雛人形である。

4月にひな市が立つ「日本の道百選」ひな市通り

紅花商だった堀米邸を利用した河北町紅花資料館

谷地を歩く

交通　JR山形駅から山交《やまこう》バス寒河江《さがえ》駅経由谷地行き1時間10分谷地待合所下車。または山形新幹線さくらんぼ東根駅からタクシー20分

問合せ　河北町商工観光課 ☎0237・73・2111

旧堀米邸が河北町紅花資料館に　武者蔵や座敷蔵を公開し、古文書や時代雛を展示。バス停待合所からタクシー10分。途中のサハト紅花（月曜休）では町の歴史を全天周劇場で上映。9〜17時、無休、400円 ☎0237・73・3500

4月2、3日のひなまつり　ひな市通りには市が立ち、個人公開雛5カ所（各300〜400円）、観光協会公開雛3カ所（共通500円）、無料公開など。役場前に案内所あり。

湯治客の下駄が鳴り響き
朝市が立つ山あいのいで湯

肘折温泉《ひじおりおんせん》

［山形県大蔵村］

肘折温泉は1200年の歴史がある

「一週間滞在の予定です」

　共同湯で一緒になった初老の湯治客は静岡から夫婦で来ていると言った。交通事故の後遺症で歩くのが辛く、温泉治療に肘折温泉を選んだのだと言った。

　古くから傷の治る温泉として知られてきた肘折温泉は、言い伝えによれば、いまから約1200年前、大同2年（807）に開業したという。

　泉質は塩化物-炭酸水素塩泉で切り傷、骨折、慢性皮膚病、慢性婦人病などに効能があるといわれ、飲んでも消化器系、糖尿病、高血圧症などに効くといわれ、人気が高い。

　南東に修験の山葉山《はやま》、南西に出羽三山の主峰月山《がっさん》を控えた山裾に位置する肘折温泉は、湯治場風情に人気が集まる。しかし、湯治客だけでなく、秘湯めぐりの観光客や、近郊の人々が農作業の疲れをいやすためにもやって来る。

湯も良し、環境も良し、心身ともに健やかになる

一日に4回ほどお湯に入り、のんびりと過ごすのが湯治の基本

　かつてこの地を訪れた歌人斎藤茂吉は、

　大き聖　いましし山湯流れ来る　水ゆたかにて　こころ楽しも

と詠んだ。

　この地は大いなる聖（老僧）が肘を折り、出湯でいやしたという伝説に包まれた仙郷の湯で、その幻想的な清流の流れる豊かな自然に茂吉は感動を覚えたと思われる。「こころ楽しも」とはそうした心境を表しているようである。

　肘折温泉の川沿いは食事付きの観光旅館となっているが、

積雪期以外は毎朝5時頃から朝市が立つ。売り手も買い手も和気あいあい

表通りの旅館は昔通りの湯治客の宿泊で賑わっている。湯治客は自炊の食料を持ちこみ、足りないものは通りの食料店で補充し、あるいは毎朝早くから立つ朝市で仕入れている。

冬場を除く毎日、午前5時になると、地元・朝市組合の人たちが新鮮な野菜や山菜、果物、また自分で作った笹巻きやしそ巻き、サルノコシカケやマムシなどの漢方薬を売っている。

賑やかな市である。カランコロンと旅館の下駄を鳴らしながら朝市を覗きこみ、声を掛ける常連客もいる。

肘折温泉の朝市の歴史は古く、遠くは江戸時代に湯治客に行商で品物を提供したことに始まるともいわれている。まだ暗いうちから野菜を背負い、松明《たいまつ》を手に肘折への道を急いだという。現在では自動車や耕耘機に食材を積みこんでやってくる。

肘折の　そぞろ歩きや　朝の市

交通　JR新庄駅から山交《やまこう》バス肘折温泉行き1時間肘折待合所下車

問合せ　肘折温泉観光案内所　☎0233・76・2211

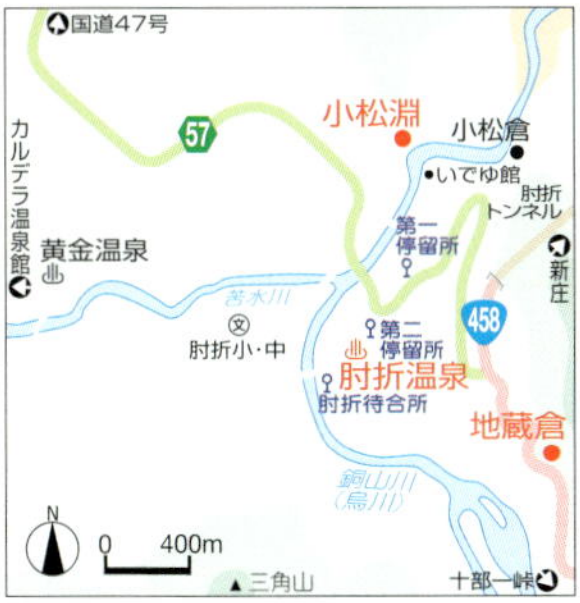

町並み景観作り100年運動推進中！

金山

かねやま

◉山形県金山町

切妻屋根、白壁に映える下見板、杉をふんだんに使った格子の家を"金山住宅"と呼んでいる

金山は昭和38年と全国的にも早い時期から景観施策に取り組んでいる

町を創る。

そんな意気込みを感じる町である。取り立てて史跡があるわけではない。温泉があるわけでもない。それでいて、どこか通りすぎるには惜しい町である。

金山町に入ったとき最初に感じたのは、不思議な落ち着きであった。よそ者を意識させない温もりがあった。

明治11年（1878）、英国地理学会のイサベラ・バード女史は、『日本奥地紀行』の中で、

「険しい尾根を越えて非常に美しい風変わりな盆地に入った。ピラミッド形の杉の林で覆われ（省略）その麓に金山の町がある。ロマンチックな雰囲気の場所である。私は（省略）1日か2日ここに滞在しようと思う」

と書いた。そのイサベラ女史が「ロマンチック」と表現した風景は、120年以上も経った現在も変わっていないのではないか。

国道13号線を北進し、新庄と金山の境である上台《うわだい》峠を越えると、視界が突然開け、ピラミッド形の山が町を見下ろしている風景に出合う。金山三稜という。真っ直ぐに天を貫くような金山杉の美林は、樹齢200年を超える巨木がほとんど凛として立っている。

そして整然と区画された田園風景。

金山は数百年にわたる林業の歴史をもっている。

また1800世帯のうち200世帯余りが大工職人などの職業に携わり、住宅建築に技を伝えている。

見事な杉が林立する山裾に点在する集落は、その技の結晶であり、金山型と呼ばれる美しい切妻造りの町並みを

金山の積雪量は県内屈指。冬の町歩きも面白いものだ

積みの水路にするため、町民が一丸となって運動したという

伝えてきた。

そして、この金山杉を使い、町の大工を派遣して上棟式までを請け負う「匠方式」を全国展開している。

金山町では昭和59年3月、「新金山町基本構想」を策定し、「全町公園化構想」を打ち出し、住民の誰もが住みたくなる町を目指してきた。

金山杉で作る家並み、町中を走る水路が温もりのある調和を保っている。

昭和55年に完成した農業用水路「大《おお》堰《ぜき》」は従来のコンクリート造りではなく雑割石《ざつわりいし》の水路であることが特徴で、錦鯉250匹余りが放流されている。

そして誰もがすれ違うと、「おはよう」「こんにちは」と声をかける。

この町は住民の住みやすい町を目指

信用金庫も町の景観作りに協力

町の中心部を潤す大堰は農業用水路。石

してきたのだが、そのことが訪れる人にも優しい町となっているのである。
　この町には日本人が祖先から受け継いできた生活や、守ってきた風景をそのまま伝えようとしている温かさがある。忘れていた過去の生活に訪問者を誘ってくれるような「いつか見た」風景を残している。
　杉と生きる。それが金山町である。

上台峠から金山三稜を見る

金山杉の「杉ッパ」

金山杉の林が町を包む

金山を歩く

交通　JR山形新幹線・奥羽本線新庄駅から山交《やまこう》バス金山行き40分金山町役場前下車

問合せ　金山町産業課

☎0233・52・2111

歩き方　金山の観光は町並み散策が中心となる。ぐるりと一巡しても1時間あれば充分。役場を起点に、まずは大堰沿いを歩こう。春から秋にかけて錦鯉が約250匹放流され、水路に沿って歩道が続いている。役場の裏側が一番よく整備され、めがね堰にも錦鯉が放流されている。文化活動の拠点になっている蔵史館《くらしかん》は米蔵を整備したもので一見の価値がある。

長屋門は金山町最古の建造物のひとつ　江戸初期に一帯を治めていた最上氏の金山城が取り壊された時、大手門を万宝院に移築。寺は火災で焼失したが門だけは類焼をまぬがれた。

金山小学校の歴史の門は　金山城の裏門であったと伝えられる。金山城があった楯山を望むように立っている。

金山土産は　町には土産物屋がないので金山町商工会（8時30分～17時、土・日・祝日休）へ。金山杉のスリッパや金山杉皮染のネクタイ、地元米の煎餅などがおすすめ。

松山

松山能の幽玄と武者行列の勇壮が相まって

まつやま
◉山形県松山町

観世流で始まり、明治になって宝生流、黒川能の影響を受け、独特のものとなった松山能

武家方から町方に伝えられたという能が松山に残っている。

松山能は約３００年前、江戸勤番の松山藩士が能楽を習得したことに始まる。松山三代藩主酒井忠休《ただよし》は2万５０００石の小藩でありながら長年にわたって幕府寺社奉行、若年寄の要職を務めた。忠休は江戸藩邸に度々幕閣の要人を招待し、演能を披露したという。大名の招宴に演能は欠かすことができなかった時代であり、そのことから藩士の間にも能の習得が盛んに行われていったのではないか。江戸藩邸詰めから帰国した藩士たちは松山で能を楽しんでいたのであろう。

ところが明治維新で松山藩は庄内藩とともに最後まで官軍と戦い、降伏してしまった。城は大手門を残して取り壊され、藩士は禄を失った。

その時、藩士たちは自分たちの楽しみであった能を庶民の演能団体「松諷《しょうふう》社《しゃ》」に伝えたのである。

それがいまに伝わる「松山能」である。

毎年6月に開催される羽州庄内松山城の薪《たきぎ》能（花の能）、8月の例祭神明神社奉納能（月の能）、そして大寒の1月に開催される總光寺《そうこうじ》大寒能（雪の能）。

そこには町方に受け継がれてきた芸の確かさがある。

「松山能」には松山藩士の意地が込められていると言ったら言い過ぎであろうか。

雪の能の舞台となる洞瀧山《とうろうざん》總光寺は、開山600年余の歴史を刻む曹洞宗の名刹である。南北朝時代、月庵良円《げつあんりょうえん》禅師によって開かれた總光寺は、豪壮な山門と江戸時代の作と伝えられる庭園をもっている。自然の林泉美を巧みに取り入れ、幽玄な趣を見せてくれる。

晴れた日、眺望の森から見る庄内平野の風景は、曲がりくねりながら日本海に注ぎ込む最上川、南に月山《がっさん》、北には鳥海山《ちょうかいさん》の秀峰を望み、水平線の彼方に飛島《とびしま》が浮かぶ。

最上川の潤す肥沃な大地は豊かな収穫の時を迎え、晩秋から雪の季節には視界を失うほどの地吹雪が吹き荒れる。

『三太郎の日記』で知られる阿部次郎はこの風土で生まれた。記念館になっている生家は当時の面影をよく残し、難解な文体で独特の哲学を展開した阿部次郎の足跡を伝えている。

きのこ杉が立ち並ぶ参道や山門が見事な總光寺

松山町資料館には酒井家ゆかりの美術品が展示される

5月1日の松山まつり・武者行列

松山を歩く

交通 JR羽越本線酒田駅から庄内交通バス地見興屋《じみこうや》行き30分松嶺本町《まつみねほんまち》下車。または余目《あまるめ》駅からタクシー15分

問合せ 松山町産業建設課 ☎0234・62・2611

城跡は歴史公園に 青銅のシャチがのった大手門が残る。松山町資料館（9～16時30分、月曜休、350円）もある。

見応えある總光寺 拝観は日中随時、300円 ☎0234・62・2170

阿部次郎の生家が記念館に 松嶺本町から徒歩15分。9～16時30分、土・日・祝日開館、100円（火～金曜は町役場教育委員会へ）☎0234・62・2925

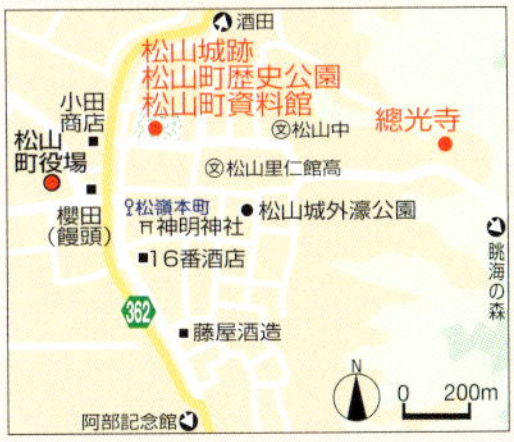

威厳のある宿坊が34軒並ぶ独特な雰囲気

羽黒《はぐろ》

◉山形県羽黒町

出羽三山は、月山《がっさん》、羽黒山《はぐろさん》、湯殿山《ゆどのさん》の総称であり、古くから山岳信仰の山として知られてきた。

俳聖芭蕉が「奥の細道」行脚の途次、曽良と立ち寄ったのは元禄2年（1689）のことである。

芭蕉は羽黒権現に詣で、月山に登り、山頂で一泊した後、湯殿山に下り、羽黒山の南谷《みなみだに》別院（現在は南谷別院跡）に帰ってきた。

宿坊で別当代会覚阿闍梨《えがくあじゃり》に拝謁、句会を開くなど心のもてなしに感銘した芭蕉は、

ありがたや雪をかをらす南谷
涼しさやほの三日月の羽黒山
雲の峰幾つ崩れて月の山
語られぬ湯殿にぬらす袂《たもと》かな

と詠んだ。

その出羽三山は推古元年（593）崇峻《すしゅん》天皇の皇子であった蜂子皇子が開祖といわれ、山岳信仰、修験霊場として名高く、三山に寄せる信仰は昔のままに変わることなく受け継がれている。この三山をめぐる修行を三関三渡《さんかんさんど》の行といっている。

山伏修行など出羽三山文化を解説するいでは文化記念館

月山、羽黒山、湯殿山の三神を祀る三神合祭殿の奥の霊祭殿

羽黒山頂から月山へ、そして、さらに巡拝の険しい道は湯殿山に続く。写真は月山

羽黒山の観音、月山の阿弥陀、湯殿の薬師の加護と引導により、過去・現在・未来の三関を渡り越え、真如実相《しんにょじっそう》・即《そく》身成仏《しんじょうぶつ》の妙果《みょうか》を証するという。

その三山めぐりの登拝者の基地として発達してきたのが宿坊である。宿坊はいうなれば宗教集落ともいえる。

羽黒口（羽黒町）、大網口（朝日村）、七五三掛口（朝日村）、岩根沢口（西川町）、本道寺口（西川町）、大井沢口（西川町）、肘折《ひじおり》口（大蔵村）の7カ所に登拝口が形成され、そこに宿坊があった。

宿坊とは山に登拝するための心の準備、精進潔斎《しょうじんけっさい》する宿であって、単なる旅籠《はたご》屋ではない。

宿坊は道者《どうしゃ》を温かく迎え入れ、精進料理でもてなし、山《やま》先達《せんだつ》をたてて三山巡拝を無事に済ませる重大な責務を負っている。

宿坊が立ち並ぶ手向の桜小路

町はずれの手向に食料品屋がやって来る

東北地方最古の塔、羽黒山五重塔

羽黒山門前の宿坊として発展してきた手向《とうげ》宿坊は、どこも厳しさを秘めた威厳のある門構えで、修験道場のようである。

毎年三山巡拝のシーズンになると、ひとつひとつの宿坊には、それぞれの道者がやってくる。

知り合いの宿坊「壇所院大塚坊」の大塚さんは、かつて宮城県塩竈の鹽竈《しおがま》神社に務めていた人であるが、親の後を継いだ。その暮らしぶりを聞いていると山伏の厳しさを体現されているようにも思えてくる。

この人の案内で三山巡拝ができれば安心できるという信頼に満ちてくる。それはどこの宿坊においても同じ思いを抱かせるに違いない。

羽黒山に詣で前世を思い、月山までの険しい道を歩きながら現世の苦しみから救いを願い、湯殿山で来世での生まれ変わりを願う巡拝の道のりは厳しくもあり、有難くもある。芭蕉もまた、こうして三山巡拝を体現したのであろう。

羽黒を歩く

交通　JR羽越本線鶴岡駅から庄内交通バス羽黒山頂行き35分黄金堂《こがねどう》前下車

問合せ　羽黒町観光課　☎0235・62・2111

歩き方　黄金堂を参拝してから近くの自坊小路《じぼうこうじ》へ。黒塀や土蔵の屋敷跡で昔の姿をよく留めている。芭蕉を慕った芳賀兵左衛門邸が自坊小路にあり、同様の呂丸の宅地跡は第一小校門の北隣り。その呂丸の句碑は鳥崎稲荷神社にある。宿坊が並ぶ桜小路からいでは文化記念館、随神門へ。羽黒山頂へは随神門から全長約1・7kmの石段を行く。上りは約50分、下りは約40分。

時間があれば、バス停黄金堂前から徒歩15分の玉川《ぎょくせん》寺へ。

国の重要文化財、黄金堂

江戸初期改築の玉川寺庭園

国指定名勝の玉川寺庭園　鎌倉時代開山と伝わる玉川寺の庭園は、江戸時代初期の改築。四季折々の花が池泉廻遊式の庭に彩りを添え、実に風雅。9～17時30分、300円　☎0235・62・2746

羽黒山頂に堂宇が建つ以前は黄金堂が中心的な存在だった　源頼朝が平泉・藤原氏との戦勝祈願のために寄進したと伝わる。9～17時、冬期休。

いでは文化記念館　羽黒修験道の特徴や文化を紹介・解説。立体映画での修行の様子は興味深い。山伏修行体験も随時受付（要予約、17名以上）。9～17時、火曜休（7～8月無休）、400円　☎0235・62・4727

平将門創建と伝わる五重塔　深々とした杉並木の奥にひっそりと立つ。その均整のとれ

厳かなたたずまいの宿坊大進坊。庭に芭蕉の三山句碑が立つ

南谷別院跡の芭蕉句碑

た姿に見とれる。

三神を祀る三神合祭殿　高さ28m、厚さ約2・1mもの茅《かや》葺《ぶき》屋根は東北随一のスケール。内部は総漆塗で豪壮な権現造り。出羽神社ともいう。

出羽三山の資料を一同に集めている歴史博物館　三神合祭殿の前の鏡池から出土した平安・鎌倉、江戸中期までの古鏡をはじめ仏像や宝物、芭蕉直筆の追悼句文など、貴重なコレクションが揃っている。8時30分〜16時、11月24日〜4月下旬休、200円　☎0235・62・2355

足をのばして出羽三山に登る

羽黒山頂へは徒歩50分、または三神合祭殿からバス10分。羽黒山頂から月山へは、8合目までバス50分、その後徒歩2時間30分で山頂。湯殿山へはさらに1時間20分。湯殿山までの登山がきつい場合は、鶴岡からバス1時間30分で。

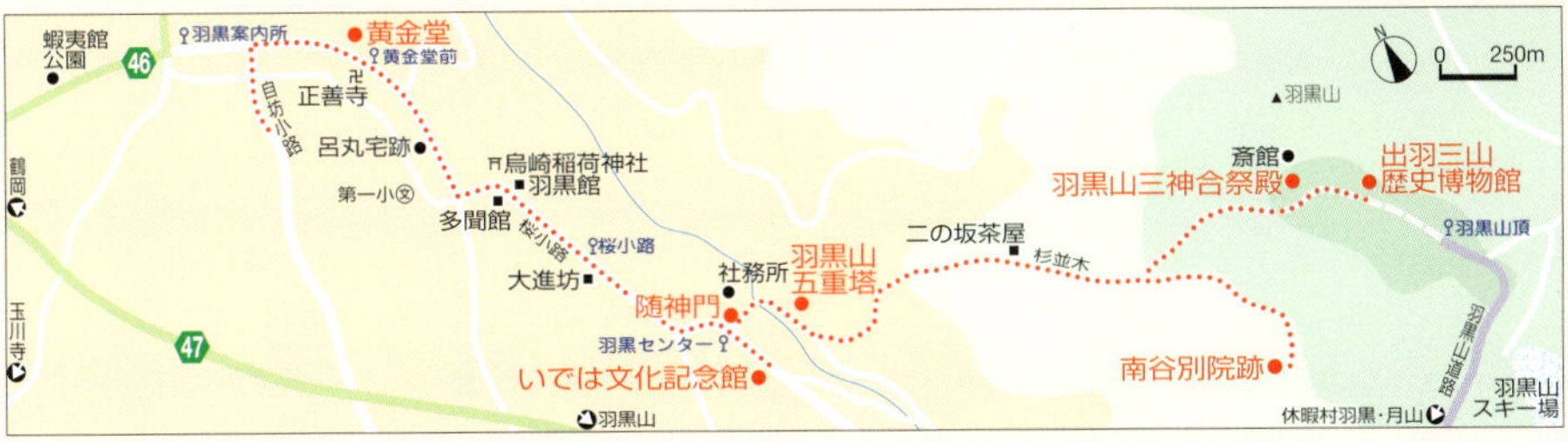

優美な城下町の手仕事に鶴岡の歴史が見え隠れする

鶴岡《つるおか》

［山形県鶴岡市］

愛らしいいづめこ人形は男の子と女の子がある

色とりどりの糸で作られる御殿まり

←江戸時代、お雛事の人形だった庄内姉様人形

郷土玩具の板獅子も古くからのもの

↓富樫絵ろうそく店の絵ろうそく

お堀に城の面影をしのぶ鶴岡公園

酒井家墓所、大督寺

どのお菓子屋も作るおきつねはん

月山、羽黒山、湯殿山の出羽三山の表玄関は鶴岡である。鶴岡は江戸時代には酒井氏14万石の城下町として栄えた。その歴史は鶴ガ岡城跡の鶴岡公園や庄内藩校致道館《ちどうかん》が伝えているものの、市街地には城下町の面影はあまり残っていない。しかし、城下町ならではの民芸品や工芸品が今なお受け継がれ、鶴岡の伝統に華やぎを添えている。

御殿まりと庄内姉様人形は、庄内藩の奥方、奥女中たちが手慰みに作ったのが始まりといわれている。おひつを保温するワラの籠(いづめ)に赤ちゃんを入れて寒さから守る"いづめこ"を玩具化したいづめこ人形は鶴岡の代表的な民芸品だが、その色彩鮮やかな出来映えは、いかにも城下町が育んだ美しさといえよう。また、享保年間に作られたといわれ、参勤交代の献上品となっていた絵ろうそくも今なお健在である。

さらに、市内のどのお菓子屋さんにも売っているきつねをかたどった干菓子は、藩主酒井氏移封に反対した領民の運動の勝利に由来する。

鶴岡の歴史とそれに培われた風情はいまなお様々なものに見え隠れしている。民芸品や名菓は市役所近くの鶴岡市物産館(9~18時、無休)に揃っている。

交通 JR羽越本線鶴岡駅下車
問合せ 鶴岡市観光物産課
☎0235・25・2111

秋田・宮城

酒造の町、みちのくの小京都、伊達家の城下町

7つも蔵元がある静かな城下町

湯沢《ゆざわ》

◉秋田県湯沢市

湯沢は酒の郷である。
〝東北の灘〟と称される湯沢は酒造りに相応しい風土で、酒造好適米に恵まれ、秋田杜氏《とうじ》の確かな技で良質の酒を造ってきた。湯沢には現在7つの蔵元がある。古い歴史のある蔵が町の風情を引き立たせ、蔵のある通りにはどこからともなくほんのりと酒の匂いが漂ってくる。秋田の酒の歴史は古く、縄文後期には酒らしいものを造っていたのではないかといわれている。

湯沢で酒造りが盛んになったのは慶長11年（1606）、雄勝《おがち》郡院内（隣の雄勝町）に銀山が発見され、酒の需要が増加したことである。

酒造りの季節に蔵を訪ねると、昔のままの蔵や帳場が残っていて、蔵人たちの働く姿が見えるかもしれない。

湯沢には祭りがよく似合う。

旧暦7月7日、湯沢の町は大小数百に及ぶ色とりどりの絵灯籠《えどうろう》が家々の軒下や商店街に下がり、幻想的な雰囲気を醸《かも》し出す。「七夕絵どうろうまつり」である。江戸時代、秋田藩佐竹南家《さたけなんけ》五代目義安侯に京都の公卿鷹司《たかつかさ》家から姫君がお輿《こし》入れされてきた。姫君は都が懐かしく、心晴れない日を送っていたが、そのやるかたない都への郷愁を5色の短冊に託し、青竹に飾り付けたの

武家屋敷の面影残す内町。大町や柳町辺りはかつての町人町で外町（とまち）と呼ばれた

両関酒造の5つの蔵は国登録文化財。正面、東、西（写真）の蔵は表に格子戸が立てられ、総合的な美しさを放つ

が絵灯籠の始まりといわれる。

それ以来、旧暦7月7日になると、町内の家々では青竹に5色の短冊や吹流しをつり下げて門前に飾ったという。

明治になって地口《じぐち》を記した灯籠が下げられるようになり、その後照明もローソクから電球と変化してきた。

灯籠に描かれる優雅で気品のある女性像は都の女性が多く描かれている。

夏の祭りには華やかで豪快なものが多いなかで、湯沢の「七夕絵どうろうまつり」は華やかななかに優雅さを秘め、気品がある。

また冬の「犬っこまつり」は、元和の昔より約380年もの長い歴史をもつ湯沢地方の民俗行事である。夕暮れ時になると、町内の広場に作られた雪の〝お堂っこ〟にろうそくが灯り、し

全国酒生産量4位の秋田県。その3分の1を生産しているのが湯沢

柳町商店街で10年以上も前から近藤さん（中央）たちはセリなどを売る。6～11月、中央公園でも5時頃から朝市が立つ

んこ（米の粉）で作った〝犬っこ〟を子供たちが甘酒や餅などとともにお供えして、夜が更けるまで遊びあかすのである。

秋田人は理屈抜きに酒が好きである。それも底なしの酒好きと呼べるほどである。ふらりと立ち寄った酒場で、蕗《ふき》のとうやチョロギ、いぶりがっこ（いぶした沢庵《たくあん》）などの漬け物で旨い酒を飲んでいると、いつしか夜は更けて、地元の人が民謡の一節でも聞かせてくれるに違いない。

この町には旅するものをもてなしてくれる人情がある。

日本名水百選の力水

湯沢を歩く

交通　JR奥羽本線湯沢駅下車

問合せ　湯沢市商工観光課

☎0183・73・2111

歩き方　再開発により駅周辺の商店街は近代的になってしまったが、まだ城下町と酒どころの趣ある風景に出合う。

まず、駅から15分の両関酒造へ。「爛漫」を醸す秋田銘醸も近い。秋田酪醸から明治時代の**雄勝郡会議事堂記念館**への道はかつての武家町。

市役所の南の湯沢城跡、中央公園へ。市役所から徒歩10分ほどで黒塀や大きな松、レトロな洋館が静かにたたずむ内町。この辺りが武家町を髣髴とさせる一帯だ。佐竹南家の歴代墓所がある**清涼寺**にも寄ってみたい。ここから南家の祈祷所**湯仙寺**《とうせんじ》経由で愛宕町の一里塚へは10分ほど。樹齢400年の槻木《つきのき》の根が張り出している。灌漑用水や運河として開削された**湯沢大堰**に沿って30分で湯沢駅。所要は3～5時間はみておきたい。

中央公園として整備された湯沢城跡　湯沢城の建造物は残っていないが、雄物川が流れる市街地が一望のもと。公園

七夕絵どうろうまつり

旧小正月の犬っこまつり

鳥海山が白雪抱く頃、雄物川の支流
瀬川に冬の使者、白鳥が飛来する

湯沢町郊外の岩崎八幡神社に祀ら
れている巨大なワラ人形、鹿嶋様

湯沢は羽州街道の宿場町。愛宕町に〝槻木さん〟
と呼ばれる一里塚も残る

入口に湧く力水は雄物川の伏流水で昔は佐竹南家の御用水。

足をのばして岩崎八幡神社の鹿嶋様へ　高さ4m余りのワラ人形は古くから疫病退散などの神として信仰を集めている。湯沢駅から羽後交通バス十文字・横手方面行き15分上岩崎下車、国道13号沿いに1体。次のバス停岩崎橋下車、岩崎八幡神社に2体。

足をのばして日本三大霊地、川原《かわら》毛《げ》地獄へ　硫黄が噴出し、さながら地獄のよう。豪快な湯滝で、夏のみ入浴可能な川原毛大湯滝まで徒歩15分。湯沢駅から羽後交通バス泥湯温泉行き（5～10月運行）1時間20分終点下車、徒歩20分。

湯沢には7社9工場の造り酒屋がある

湯沢の味と土産　七代佐藤養助湯沢店（11～18時、水曜休）で喉ごし滑らかな稲庭うどんを。土産はもちろん地酒。両関酒造（8時30分～17時15分、土曜不定休、日・祝日休、要予約で工場見学可☎0183・73・3143）、秋田銘醸（9～16時、土・日曜は～12時、要予約で工場見学可☎0183・73・3161）。

稲庭うどんの佐藤養助湯沢店

雪国の小正月、「かまくら」の詩情に酔う

横手

◉秋田県横手《よこて》市

はいってたんせ
おがんでたんせ
甘酒あがってたんせ

子供たちの呼びかける声が雪室から聞こえる。

あちらの辻、こちらの辻からその声は雪の降る音に混じって聞こえてくるのである。

小さな雪室、大きな雪室が黒塀の屋敷の辺りや家々の前にいくつも作られている。雪室の中には明かりが灯り、その淡い光は人々を幻想へと誘う。

横手の「かまくら」は、400年の歴史をもち、毎年2月15日、16日の2日間100を超えるかまくらと無数のミニかまくらが町中を彩る詩情豊かな民俗行事。全国から大勢の観光客が訪れるほどの人気で、雪国を代表する冬の祭りとなっている。

かまくらの奥に水神様を祀り、御神《おみ》酒《き》、甘酒、お餅などを供える。

江戸期、川の内側（城側）には家臣が住み、外側が町人町だった

そして宵闇が迫る頃、それぞれのかまくらに灯明が灯り、揺らめく。

子供たちの笑い声が明かりとともに外に漏れてくる。人々は柔らかな明かりにほっとし、心を和ませる。

17日には「ぼんでん」（梵天）が行われる。ぼんでんは幣束《へいそく》のことで旭岡《あさひおか》山《やま》神社へぼんでんを奉納する行事である。横手のぼんでんは250年の歴史を刻む。この日は各町内、職場から、揃いの印半纏《しるしばんてん》を着た若者たちがホラ貝を吹き鳴らし、ジョッサ、ジョッサのかけ声とともに威勢よく巨大なぼんでんを担いで雪の町を練り歩く。

町あげて「かまくら」を盛り上げる

県内有数の豪雪地、横手の「かまくら」に多くの観光客が集まる

羽黒町の武家屋敷前。子供たちが作る甘酒の匂いが辺りを温かく包む

2月16日は市役所前で「ぼんでん」コンクールが行われる

各町内や職場から参加

ぼんでんは5メートルほどの丸太の先に竹カゴを取り付け、それに色鮮やかな布、麻糸などを垂らし、注連縄《しめなわ》、御幣を下げ、ぼんでんの頭部に意匠を凝らした武者人形や干支《えと》の飾り物をつける。豪華にして勇壮な祭りである。

静のかまくらと動のぼんでん。冬の横手の風物詩である。

作家・石坂洋次郎が13年間にわたり教師として、作家として過ごした横手は『山と川のある町』の舞台となった町である。

石坂洋次郎記念館には石坂洋次郎の交友関係や文学活動の貴重な資料が展示されている。

後三年《ごさんねん》の役《えき》の舞台となった古戦場や、秀麗な横手城天守閣（復元）など横手の史跡を訪ねながら、冬のかまくらに思いを馳せる旅にはどこかロマンが漂う。

かまくらとぼんでんを知りたければ、横手市ふれあいセンターのかまくら館を訪ねるのがよい。館内に作られたかまくらは、常時セ氏マイナス10度に保たれている。館内の温度とかまくら内部の温度差はおよそ30度。館の入口付近には巨大なぼんでんが飾られている。

今年こそかまくらを見に行こうと齢を重ねるのも楽しい。

子供たちも「ぼんでん」に参加

コンクールで優勝したのかな？

横手城跡の横手公園かまくら村

横手を歩く

交通　JR奥羽本線横手駅下車

問合せ　横手市観光協会

☎0182・33・7111

歩き方　横手は江戸時代の町割の名残がある。外堀の役割をもっていた横手川を挟んで駅寄りが昔の町人町（外町）、城側が家臣の住む内町。現在も商店街が駅側で、武家屋敷が残る羽黒町などは城側である。駅から10分のかまくら館から、外町と内町を結ぶ文化のかけ橋、橋上公園（学校橋）を渡って羽黒町、旧日新館、横手公園（横手城跡）へ。ここまでは駅から40分ほど。横手公園から10分ほどの石坂洋次郎文学記念館へ行き、帰路はバスを利用しよう。所要は3時間ぐらい。

石坂洋次郎文学記念館

旧日新館は英語教師の住居

横手城跡は花々が絶えない美しい横手公園に　16世紀に小野寺氏が築城し、江戸時代には秋田の佐竹氏の支城になり、戊辰戦争で仙台庄内軍の総攻撃を受けて横手城は落城。二の丸跡に郷土資料館を兼ねた四層の天守閣様式の展望台が建てられている。春は桜、初夏はバラ、秋は菊まつり、冬はかまくらと季節ごとに景観を見せる。展望台は9～16時30分（かまくら期間中～21時）、かまくら期間中以外の冬期休、100円　☎0182・32・1096

旧制横手中に赴任のアメリカ人英語教師の住居、旧日新館　洋館には珍しく素木《しらき》造りで、玄関バルコニーの柱頭飾りや窓の額縁が明治期の洋風建築の特色をよく残している。一般住居として使われているが、水曜の9～16時のみ一部開放。迷惑にならないように。

生き生きとした青春群像を表現した石坂洋次郎の文学記念館　13年間横手で教鞭をとった石坂洋次郎の作品を読み、横手に憧れた人も多いはず。生原稿や資料などを展示している。9～16時、月曜（祝日の場合翌日）休、100円　☎0182・33・5052

観光協会があり、年中かまくら体験ができるかまくら館　9～17時、無休、無料。ファンタジックギャラリーのみ210円　☎0182・33・7111

「かまくら」は　2月15、16日の午前9時～午後9時頃まで、二葉町のかまくら通りや横手公園、石坂洋次郎文学記念館などで。ミニかまくらは市役所前～横手病院前～南小学校～前郷土在家交差点辺り。会期中は駅前にかまくら案内所が設置される。

六郷

70を超える湧水の町、寺の町、巨木の町

ろくごう
◉秋田県六郷町

御台所清水は佐竹の殿様が鷹狩りに来た時、料理用の水として使ったといわれる

ニテコ清水。清水のほとんどは私有地に湧き、町民の協力により公開

六郷は水の郷である。

現在、町にはおよそ70を超える清水が湧いている。

清水には町の歴史を物語る名前が付けられ、春先の融雪期を迎えるとそれぞれの清水がこんこんと湧き出してくる。

ニタイ（森林）とコツ（水たまり）というアイヌ語から付けられた「ニテコ清水」、諏訪神社のかたわらに湧く「諏訪清水」をはじめ、「御台所《おだいどころ》清水」「宝門《ほうもん》清水」「藤清水」など町のいたるところに清水がある。

湧出する水は主に市街地の東側に広がる扇状地面で涵養《かんよう》された地下水で、町の人々は古くからこの清冽な湧泉を野菜洗いや洗濯、あるいは天然の冷蔵庫として活用してきたのだという。

六郷町の町名の由来は、ルココッツイ。アイヌ語で「清い水たまりのある場所」という意味からつけられた。

江戸時代の紀行家・菅江真澄《すがえますみ》は、その著『月の出羽路』の中で、「六郷は養栄丸に百清水、多い寺々、絶えぬ金持」と書いている。

六郷は水の郷であると同時に寺の郷でもある。

ニテコ清水はサイダー工場（右）と鯉料理屋の間に湧く

米町商店会から市場通り商店会には店蔵が残る

都会にはない品揃えの雑貨屋。旅心がくすぐられる

イチョウの大木がある浄光寺。六郷は実に巨木が多い

小さな町の中に寺町通りの12カ寺を含め26ものお寺がある。

この寺の数は県内では秋田市に次ぐ多さで、戦国時代、常に生死をかけた戦の連続であった六郷の地は、お寺の招致、建立は城下町としての機能だけでなく、武将の菩提寺として、さらに防備の面からも重要であった。

戦国武将六郷氏、その後の佐竹氏の町作りに、寺は兵舎として、墓地は防塞として組み込まれた。六郷城跡の外側に町を囲むように寺々が並んでいる。

六郷には国の指定重要無形文化財になっている「カマクラ」が伝わっている。この冬の風物詩は江戸初期頃から伝わるもので、毎年2月11日から15日にわたり行われる。

13日頃から鳥追い小屋と呼ばれる雪室が作られる。この雪室は、雪を40㌢から50㌢ぐらいの厚さに四角に積み上げて、天井に茅を編んで作った簀《す》か筵《むしろ》をのせて作るもので、横手と違って屋根は雪でないところに特徴がある。この中で子供たちは甘酒を飲み、

名水と地元米で美酒を醸す八千代酒造

町内の蔵元5軒のうちの一軒、八千代

餅を焼いて食べる。

圧巻は15日である。町の中央の諏訪神社前のカマクラ畑で六郷名物竹打ちが繰り広げられる。全町を南軍、北軍に分け、竹を打ち合って一大合戦となるのである。豊作を念じ、割れ竹で御神火を打ち合い、炎は火柱となる。残して欲しい行事である。

六郷を歩く

交通 JR奥羽本線大曲《おおまがり》駅から羽後交通バス横手バスターミナル行き20分六郷上町下車

問合せ 六郷町企画課☎0187・84・1111、観光情報センター清水の館☎0187・84・0110

歩き方 町役場か観光情報センター清水の館でマップをもらってから歩き始めよう。ニテコ清水、周辺に藤の花が咲く藤清水、諏訪神社に湧く諏訪清水、御台所清水、宝門清水などをぐるりとめぐっても20分ほど。店蔵や造り酒屋などを見つけながら寺町通り、中央公園の学友館へ。

12～15度の湧水泉にしか生息しない体長5㌢ほどの学名イバラトミヨ、地元ではハリザッコと呼ばれる貴重な魚も見つけたい。町役場から徒歩20分ほどの大工清水、馬洗い清水で見かけることが多いとか。また、清水は5～10月頃が水量豊か。

洋館風の建物で民俗資料館と図書館を兼ねた学友館 9～16時30分、月曜休。

足をのばして六郷温泉「あったか山」 露天風呂、休憩室、食堂などのある日帰り温泉施設。六郷上町から羽後交通バスで15分。途中のサイフォン式分水工は、丸子川水系用水を水郷町、千畑町《せんはたまち》、千南村《せんなんむら》の水田に正確に配分する施設。

名水の里ならではの味は ニテコ清水が湧くニテコ名水庵（11～21時、火曜日）で夏ならば流しそうめんを。また鯉料理も名物。観光情報センター清水の館（8時30分～17時、無休）で冷えたニテコサイダーが飲める。地酒、漬物、缶入り「清水のおかゆ」も販売。

奥羽山脈西方の扇状地末端の町。郊外は杉の屋敷森が目立つ田園

七滝地区の円筒型サイフォン式分水工

大工・馬洗い清水

文化財の多い本覚寺

六郷温泉「あったか山」

清冽なニテコ清水で作ったニテコサイダー

秋田こまちの「清水のおかゆ」

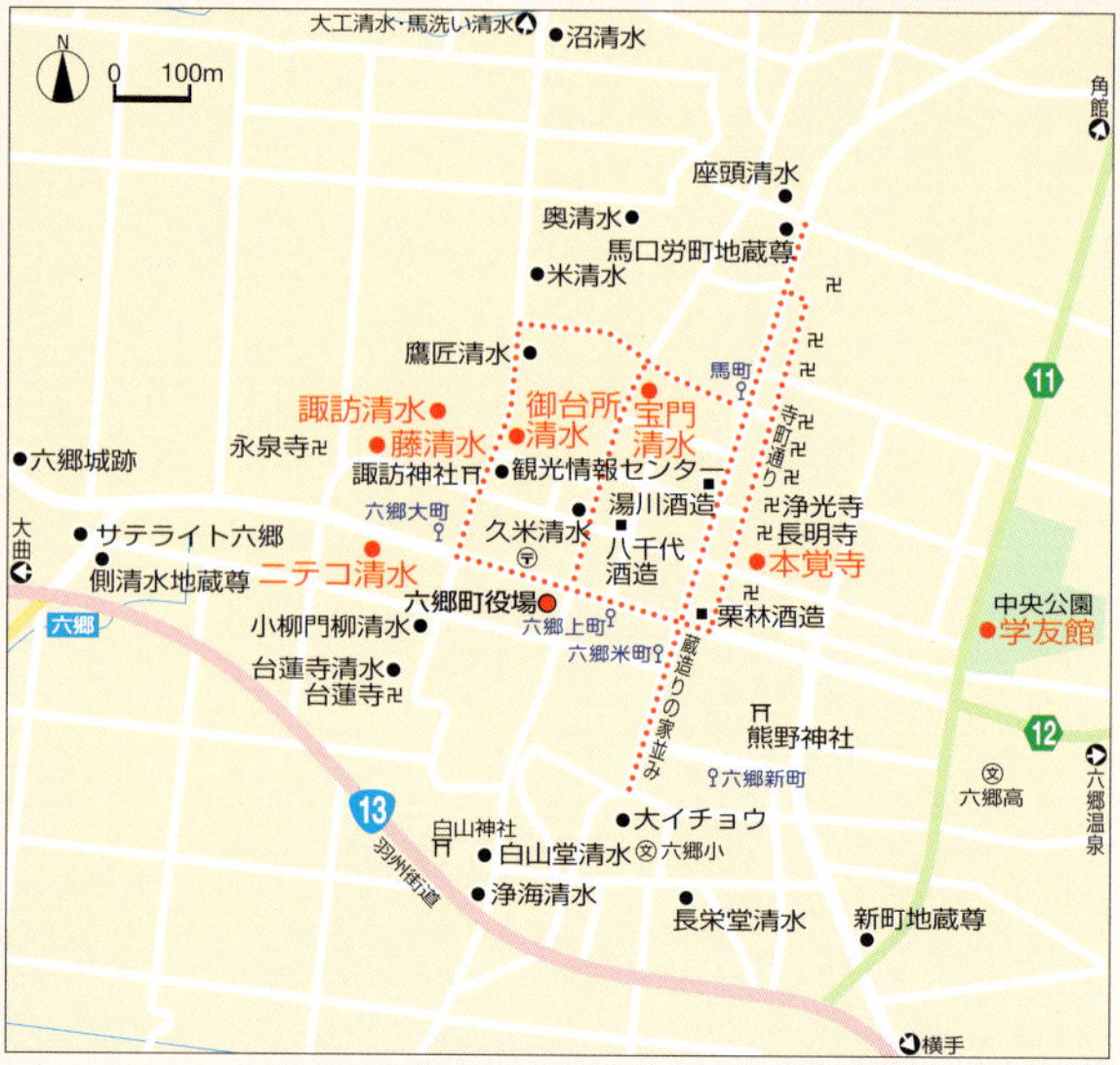

角館

黒塀に桜舞う春、紅葉の秋…優美な小京都

かくのだて
◉秋田県角館町

武家屋敷通りの典雅な花景色。見頃は4月下旬

いつの時代になっても残したい風景、残したい町並みがある。

角館はそんな町のひとつである。およそ370年前の「町割絵図」と現在が重なり合う町。

町が作られた当時は、「火除け」と呼ばれる広場を境に、北側に武家町（内町《うちまち》）、南側に町人町（外町《とまち》）と住区が決められて、武家屋敷80戸、商家350戸の町を形成していた。秋田藩の支藩としては最も大きな城下町であった。

現在武家屋敷は石黒家、青柳家、岩橋家、河原田家、小田野家、松本家が残っている。

それぞれの家は門、板塀、生垣など特徴があって、当時の武士階層の生活が伝わってくる。

商家のあった外町の建物は時代とともに変遷を遂げてきているが、武家屋

武家屋敷は枝垂れ桜に劣らず庭の草木も美しい。写真は小田野家

内町武家屋敷の道幅は江戸期のまま

外町の一角、田町武家屋敷通り。通り沿いには佐竹氏の分家筋にあたる今宮家家臣団が住んでいた

青柳家では代々伝わる美術品などを公開

佐竹北家の用人を務めた石黒家。簡素ななかに格式を感じる

角館には200余りの蔵がある。西宮家にも5棟残り、大正初期建築の1棟がレストランに

東北地方現存最古の蔵座敷がある安藤家。度重なる大火に学び、明治時代建築の店蔵はレンガを使用

蔵造りの店が点在し、懐かしい看板を見かける外町

敷のあった内町はほとんど変化がないという。

この武家屋敷地域、およそ6・9ヘクタールは国の重要伝統的建造物群保存地区に選定されている。

武家屋敷通りを彩る春の枝垂《しだ》れ桜は花霞のような風情で、国の天然記念物に指定されている147本の枝垂れ桜が春風に吹かれ、武家屋敷の板塀越しに揺れている。

この枝垂れ桜は公家の姫君が佐竹家に嫁いできた時、嫁入り道具と一緒に持ってきて移植したのが始まりとかで、都をしのぶ女性の物語を秘めている。

それからおよそ100年後の1770年頃、枝垂れ桜を見た秋田藩士で国学者の益戸《ますと》滄洲《そうしゅう》は「千百の糸を垂れている桜はその長きこと百尺、霧を帯び雲を裁って下にむかう、恰《あたか》も万片の雪が軽く綿の様に風前に舞い」と形容した（原文は漢文）。

秋ともなると紅葉に包まれた屋敷が美しい。また、雪に覆われた黒塀の風景も格別である。

西宮家は5棟の蔵と母屋を公開している

山桜の樹皮を使った伝統工芸、樺細工の第一人者、小柳金太郎さん

小柳さんの作品は堅牢で、しかも桜皮の美しさを際立たせたものばかり

そして角館には祭りが似合う。9月7日から9日までの3日間、1万6000人の町は35万の人で埋め尽くされる。

神明社と薬師堂の祭りである。華やかな曳山《ひきやま》が町を練り歩き、優雅な飾山囃子《おやまばやし》にあわせて秋田美人が艶やかに舞い、若者たちが力の限り山車《だし》をぶつけ合う。それは350年の伝統を誇る勇壮にして華麗な祭りである。

なかでも、下り山と上り山が実力行使でぶつかり合う山ぶつけは豪快で、見るものを唸らせる。

角館はそぞろ歩きがおもしろい。外町商家の町並みでは、一歩路地に入れば違った風景と遭遇し、別の表情を見つけることができる。

角館を歩く

交通　JR秋田新幹線・田沢湖線角館駅下車

問合せ　角館町商工観光課

☎0187・54・1114

歩き方　駅前の観光情報センター「駅前蔵」でマップを入手してから歩き始めよう。北の武家屋敷が連なる内町と、南の田町武家屋敷通りや昔の町人町の面影が色濃い外町のエリアに分けられる。駅から一番遠い平福記念美術館でも徒歩30分と歩いてめぐれる。半日から一日は予定したい。

黒板塀が続く内町の武家屋敷めぐり　秋田蘭画の創始者、小田野直武の分家、小田野家（8時30分～17時、冬休、無料）はドウダンツツジが20mも植栽。河原田家（8時30分～17時、無休、無料）の座敷は典型的な書院造り。苔むした庭が美しく、米蔵を改装した角館武家屋敷資料館（30

人力車は駅前から武家屋敷まで

渡部菓子店のなると餅（左）

桧木内川の桜並木は2km。枝垂れ桜より2日ほど遅い

石黒家は内部を一般公開している

0円）を併設。**岩橋家**（8時30分〜17時、無料）は会津芦名時代からの家臣で中級武士の典型的な屋敷。下級武士の典型は**松本家**（8時30分〜17時、無料、冬休）。

武家地主で広大な敷地をもつのは**角館歴史村青柳家**（9〜17時、冬は〜16時、無休、500円）。薬医門を入ると母屋、武器蔵、武家道具館、秋田郷土館などがある。**石黒家**（9〜17時、無休、300円）の薬医門は文化6年（1809）建築。武家の格式を示し、枝垂れ桜が見事。

芦名氏の菩提寺、天寧寺《てんねいじ》　佐竹北家以前に角館城主となり、町割りをした芦名家三代の墓がある。山門は江戸時代建築。

角館町樺《かば》**細工伝承館**　樺細工を始め工芸や歴史資料を展示。特産品販売コーナーもある。9〜17時（冬は〜16時30分）、無休、300円。

日本画家、平福穂庵《ひらふくすいあん》**・百穂**《ひゃくすい》**父子の平福記念美術館**　大江宏設計の洋風建築も見もの。9〜17時（冬は〜16時30分）、12〜3月の月曜休、300円。

400年前のマタギ頭領の屋敷を移築した郷土料理の百穂《ひゃくすい》**苑**《えん》　ほっくりした栗おこわの名店。この店ならではの伝承料理を楽しめる。11〜15時、要予約で17時〜、不定休　☎0187・55・5715

角館の土産なら　樺細工をはじめ安藤家（8時30分〜18時、11月23日休）の味噌や漬物、渡部《わたなべ》菓子店（8〜19時、第2・4木曜休）のなると餅を。

創業150年の安藤醸造元（安藤家）

栗おこわで名高い百穂苑の料理

象潟《きさかた》

舟で九十九島をめぐった芭蕉の足跡探訪

◉秋田県象潟町

昔の島々をめぐるコースも様々ある

　俳聖芭蕉が象潟を訪ねたのは元禄2年（1689）のことである。門弟曽良《そら》を連れて「奥の細道」の途次であった。

　蚶満寺《かんまんじ》に立ち寄った芭蕉は、

「此の寺の方丈に座して簾を巻けば風景一眼の中に尽きて……」

と眼前に広がる象潟九十九島の光景に感嘆している。

　蚶満寺は比叡山延暦寺の慈覚大師円仁が開山と伝えられ、八十八潟九十九島の景色の要《かなめ》にあったといわれる。境内は古刹に相応しく、古木に囲まれている。芭蕉は、また象潟の風景を、

「松島は笑ふがごとく、象潟はうらむがごとし」

鳥海山を映す水田の季節は九十九島の昔日を髣髴とさせる

と表現した。

蚶満寺で芭蕉が見た象潟九十九島の風景が突如として消えたのは、文化元年（1804）6月4日の午後10時頃に襲った象潟大地震による。

マグニチュード7・1（推定）の巨大地震は松島と並ぶ天下の名勝を一夜にして消滅させた。地面が2・4㍍も隆起してしまったのである。

芭蕉の見た象潟は、鳥海山《ちょうかいさん》から噴出した泥流が海水の浸食で削られ、入江状の潟に大小の島々が浮かんでいた。

慈覚大師から始まって、能因法師、西行法師、北条時頼、松尾芭蕉、平賀源内、小林一茶、伊能忠敬など多くの文人墨客が訪れた象潟は、今では一面

日除けの“ふくべ”をして農作業に励む

島めぐりの要だった名刹、蚶満寺

象潟は日本海沿いの町。飛島が見える水平線を真っ紅に染める夕日が美しい

の田んぼとなり、そのなかに点在する緑の小さな丘に昔の面影を漂わせている。田植えの季節、水の張った田に映る島々は当時の姿を蘇らせる。

　その風景のなかを象潟ゆかりの人物を訪ね、当時の風景を想像するのも旅の楽しみかもしれない。

　象潟の夕日は実に美しい。

　象潟海水浴場周辺をはじめ、道の駅・象潟「ねむの丘」、物見山、小砂《こさ》川《がわ》海岸と夕日のポイントはいくつもある。

　北上する対馬暖流の日本海に沈み行く夕日に、かつての八十八潟、九十九島の光景を重ねてみる。

　振り返れば出羽富士と呼ばれる美しい神の山、鳥海山が聳えている。

　芭蕉が泊まった向屋、能登屋、舟に乗って島めぐりをしたという船つなぎ石など芭蕉ゆかりの場所には説明文がある。象潟川に架かる欄干橋から眺める鳥海山は象潟八景のひとつに数えられている。山裾が建物に隠れているが山容が迫ってくる光景は喩えがたい。

　象潟や雨に西施《せいし》が合歓《ねぶ》の花

　夕晴れや桜に涼む浪の花

　腰長《こしたけ》や鶴脛《つるはぎ》ぬれて海涼し

　夏の季節、芭蕉の詠んだ合歓の花が蚶満寺に咲き誇る。

かつての九十九島観光地は、いまや農業と漁業の町

象潟を歩く

交通　JR羽越本線象潟駅下車

問合せ　象潟町商工観光課

☎0184・43・3200

歩き方　「奥の細道」の旅で象潟に宿泊した芭蕉の足跡と九十九島めぐりをしてみたい。芭蕉宿泊跡は駅から徒歩10分ぐらい。芭蕉は1日目を向屋に、2日目に能登屋に泊まった。滞在中、名主今野又左衛門の弟、嘉兵衛に世話になっている。現在、その辺りは落着いた住宅地。海が近いことを忘れるほど静かだ。芭蕉ゆかりの地に説明板があるのでわかりやすい。日本海と鳥海山の眺めがいい物見山は住宅地から5分と近いので立ち寄ってみよう。朱色の欄干橋のたもとに船つなぎ石があるが、昔、島めぐりをする人たちの乗船場の名残である。芭蕉もここから船に乗り、象潟島の蚶満寺に向かった。現在は欄干橋から陸路で徒歩13分。蚶満寺から弁天島辺りをぐるりと30分ほどめぐる。かつての島は老松が茂り、海に浮んでいた昔日が想像できる。蚶満寺から15分ほどの能因島は能因法師が3年間幽居したという島だ。ここから駅まで約10分。時間があれば駅から徒歩15分の郷土資料館（月曜休）へ。少なくとも所要は3時間ぐらいはみておきたい。

途中、食堂や喫茶店はない。また、島めぐりの道は田んぼの中の小道。木陰がほとんどないので帽子は必携。

「奥の細道」の旅で芭蕉が泊まった辺り

欄干橋からの鳥海山は象潟八景のひとつといわれた

樹齢千年を超すタブノキなど見応えある蚶満寺　かつては舟で渡った寺で江戸中期建造といわれる山門は見事。樹齢700年という夜鳴椿、花の咲かない巨大なツツジなど"蚶満寺七不思議"がある。8時30分〜17時、300円

☎0184・43・3153

蚶満寺の芭蕉像

合歓の花

蚶満寺の鐘つき堂

白石

しろいし
◉宮城県白石市

伊達家重臣、片倉小十郎の面影を訪ねて

「温麺《うーめん》って知ってますか。親孝行の息子が胃の悪い父親のために作った麺でね。素麺《そーめん》に似ているけど、油を一切使ってないので、消化しやすいの」

初夏でも雪をいただく蔵王連峰が、建物の合間から出迎えてくれる白石駅に降り立った。白石は伊達家の重臣、片倉小十郎の城下町。駅から1キロにも満たない正面に白石城はあるが、まずは片倉家御廟までタクシーで向かった。その車の中で運転手が白石名物として開口一番、白石温麺の話を始めたのである。

「温麺っていう名前は、孝行息子の温かい思いから付けられたようですよ。白石三白っていって、温麺と和紙と葛が昔からの名物でね」

運転手が言うには、NHKの大河ドラマ「独眼竜政宗」の放映時には、片倉家御廟にどっと観光客がおし寄せたそうだ。確かに、あのドラマは小十郎の知将ぶりがよく描かれていた。初代片倉小十郎景綱《かげつな》は終生政宗につかえ、伊達家随一の名参謀といわれている。仙台藩の南の要衝で、軍事上重要な拠点だった白石城を景綱が拝領したのは慶長7年（1602）。以来明治維新

復元された白石城。仙台藩の南の要害としての任務を果たした

外堀を兼ねていた沢端川沿いにかつて武家屋敷が軒を連ねていた

に至るまで10代約２６０年にわたり片倉氏が居城した。この間、仙台藩内で青葉城以外に城としての扱いをうけたのは白石城唯一であった。

御廟は小高い愛宕山の林間にある。10体の石像と1基の墓碑が一列に並んでいる。3代景長が白石城の見えるこの地を選び、仙台の石工に阿弥陀如来坐像を刻ませて墓標にしたという。初代景綱の墓を真ん中にし、7代村廉《むらかど》だけが夫人とともに葬られているのは夫

旧小関家の内部。造りは極めて素朴だ

町で見かけた骨董品屋。城下町だった白石では掘出し物が見つかりそう

白石を歩く

交通　JR東北本線白石駅下車。または東北新幹線白石蔵王駅から宮城交通バス遠刈田《とおがった》温泉方面行き、または関行き8分白石駅前下車

問合せ　白石市商工観光課☎0224・22・1321

歩き方　白石駅からタクシー6分の片倉家御廟へ行き、タクシーで国道沿いの商家資料館へ。ここを起点に歩き始める。白石人形の蔵から沢端川沿いを武家屋敷へ。この辺りが趣ある一角。さらに流れに沿って徒歩5分で白石城。駅までは10分ほど。途中**蔵王酒蔵展示館**へも立ち寄りたい。所要は3時間ぐらい。

三階櫓がまぶしい白石城　慶長7年（1602）から明治維新まで、片倉氏代々の居城。

木漏れ日がさす片倉家御廟

市松人形も多い人形の蔵

人が藩主伊達吉村の息女だったからだ。明治初年に没した10代宗景《むねかげ》は石碑だけだが、これだけの歴代廟所は東北の陪臣のなかで他に例を見ない。

1万8000石の小大名が軍事拠点を守るという任務を課せられ、それを代々果たした片倉家。禄高を上回る軍事力を備えていたそうだが、底辺から支えたのは奨励された和紙や温麺作りに励んだ農民たちであり、その製造にも携わった下級武士たちであった。

所々に古色蒼然とした土蔵が残る城北町から城を目指して歩けば、かつて外堀を兼ねていた沢端《さわばた》川が澄み切ったせせらぎを見せている。この流れに添って少し西に行くと中級武士の屋敷があった静かな住宅地で、享保《きょうほう》15年（1730）建築の茅葺《かやぶき》屋根の小関《こせき》家が開放されている。武家屋敷といえどもその形状は極めて素朴で、農家住宅を素地にしているといわれる。片倉家臣団の気風がいまなお漂い、各家の亭々たる大木が城下町の歴史を語りかける流れに導かれて城内に入れば、平成7年、120年ぶりに蘇った白亜の天守閣が蔵王連峰を背景にそびえている。

100年余り経った2棟の古い蔵が白石人形の蔵

鎌先温泉の一條旅館は情緒満点

弥治郎こけしの工人、佐藤辰雄さん

弥治郎こけし村

平成7年に三階櫓（天守閣）と大手門が復元され、内部はまだヒノキやヒバの香りがする。隣接の白石城歴史探訪ミュージアムには片倉家ゆかりの武具などを展示し、3Dハイビジョンで大坂夏の陣の娯楽巨編を上映。土産コーナーや温麺、黒ゴマアイスなどの食事処もある。9～17時（冬期は～16時）、無休、各々400円（2館と旧小関家共通券700円）☎0224・24・3030

中級武士の屋敷、旧小関家 260年前の小関家を修復し、公開する。9～17時（冬期は～16時）、無休、200円。

土人形や市松人形がぎっしり並ぶ白石人形の蔵 人形収集家佐藤氏のコレクションは見応え充分。東北に残る江戸時代の土人形や、明治から大正にかけての市松人形などが常時数千点展示。季節によって企画展示もする。10～16時、水曜休、400円 ☎0224・26・1475

足をのばして鎌先《かまさき》温泉、弥治《やじ》郎《ろう》こけし村へ 白石駅からタクシー15分の谷あいに5軒の温泉宿がある鎌先温泉は神経痛などに効果があり、奥羽の薬湯として知られる。ここから車数分で弥治郎こけしの里。鎌先温泉とともに発展した弥治郎こけしは、大きな頭と胴体に色鮮やかなろくろ模様がほどこされているのが特徴。弥治郎こけし村（9～17時、水曜休、無料）では、その歴史を解説し、展示即売コーナーや軽食処もある。

白石温麺を食べるなら 商家資料館を併設したやまぶき亭（水曜休）、白石城の二の丸跡にあるつりがね茶屋（火曜休）、駅前のうーめん味処（月曜休）、味のいち藤（月曜休）などで。土産は佐藤清治製麺（第1・3日曜休）で温麺を。きちみ紙子工房（不定休）の白石和紙も求めたい。

つりがね茶屋の温麺とずんだ餅のセット

明治16年創業の佐藤清治製麺

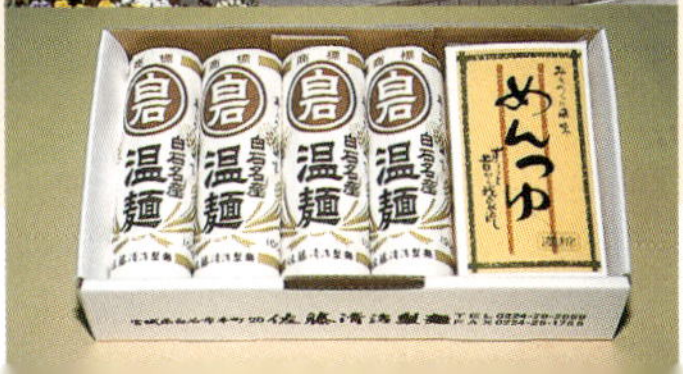

蔵王南麓、参勤交代の街道。かつての宿場ものどかな里

七ヶ宿《しちかしゅく》

［宮城県七ヶ宿町］

振り袖姿の振袖地蔵。秋田の殿様にまつわる伝説がある

滑津大滝は幅約30mの〝二階滝〟。街道から少し下がったところ

白石城の堀に注がれていた流れをたどれば白石川にたどり着く。蔵王連峰に源を発する豊かな清流は、和紙作りに役立ち、温麺《うーめん》の粉をひく水車の動力源となった。

　白石川をさかのぼると渓谷に湯煙をあげる小原《おばら》温泉、さらに山間を上ると県内一の規模を誇る七ヶ宿ダム。蔵王南麓の豊かな自然を湖面に映した七ヶ宿湖の一日の貯水量は、東京ドーム90杯分もあるという。

　ここはすでに白石市の隣の七ヶ宿町である。見渡せば大小の山稜が幾重にも波打つ鄙《ひな》の景。昔は奥州街道と羽州街道を結ぶ山中《やまなか》七ヶ宿街道の宿場町として栄え、出羽、津軽13大名の参勤交代の道として賑わった。街道は国道113号にほぼあたり、上戸沢《かみとざわ》、下戸沢（白石市）、渡《わたら》瀬《せ》、関、滑津《なめつ》、峠田《とおげた》、湯原《ゆのはら》の7つの宿場が置かれていた。

　宿場は鉄道の開通や新道の改修によって廃れる運命をたどり、宿駅の面影を最も色濃

昔は旅人の往来も多かった滑津宿の跡。今や小さな集落に

滑津宿で本陣を務めていた安藤家は現在も居宅として使われているので、内部は非公開

く残していた渡瀬は、平成3年の七ヶ宿ダム完成とともに湖底に沈んだ。現在辛うじて宿場のたたずまいを残しているのが滑津である。江戸・天保期以後に本陣を務めた安藤家が原型を留めており、千鳥破風の棟飾りをもった玄関が風格を放っている。また、向かいの民宿兼そば屋は改築されているものの、手すりが付いた2階が往時の旅籠《はたご》だった名残を伝える。その隣の桜井家の中庭には安藤家以前に本陣を務めた趣がちらりとのぞく。

「最初はうちが本陣だったんだけど、主《あるじ》が死んだのでね」と桜井家の現主人は、まるで昨日のように語る。七ヶ宿にとって、この辺りはいつまでも遺したい〝望郷の道標《みちしるべ》〟。

のどかな景色に心和む

交通 JR白石駅から宮城交通バス関開発センター行き50分終点下車。町営バス湯原または干蒲《ひかば》行きに乗換え15分滑津下車

問合せ 七ヶ宿町産業振興課 ☎0224・37・2111

村田

紅花で繁栄した村田商人の土蔵が連なる

むらた
◉宮城県村田町

村田の中心部は、東北本線の大河原駅から車で20分ほど北上したところにある。柴田郡村田町……有名観光地があるわけではないので、町名を聞いてもピンとこないだろうが、東北自動車道と山形自動車道が連結する村田ジャンクションのある町だ。山形自動車道は、昔の笹谷街道（現・国道286号）とほぼ並行して山形に至っている。

江戸時代、この立地条件を存分に生かし、大活躍したのが村田の商人たちであった。最上《もがみ》地方で栽培されていた紅花《べにばな》を、仙台より南、通称仙南地区（柴田郡、刈田《かった》郡、名取《なとり》郡）でも宝暦年間（1751～1764）に本格的に栽培し、「干花」が村田に集められた。それらは、笹谷街道で奥羽山脈を越え、最上紅花のルートでもある最上川舟運経由、西廻り航路で京や大阪に運ばれた。また、村田の紅花は奥州街道で江戸まで駄送されたものもあったという。その紅花の取引をしたのが村田商人であった。

いま、町の中心部の表通りを歩くと、当時の賑わいを如実に物語るように土蔵や豪勢な門構えの家が300㍍ほどの両側に建ち並んでいる。格子戸を立てた店蔵の脇に切妻屋根をかけた薬《やく》医門《いもん》があり、その奥には主屋、中蔵、内蔵を配している家もある。1階だけを改装して雑貨屋や化粧品屋などを営む店もあるが、重厚な店蔵を閉め切ったままの家が多いので、表通りから建物だけを拝見させてもらうしかない。

数百mの道両側に店蔵が建ち並んでいる

村田は路地歩きも楽しい。迷うことはないので、ぜひ路地裏めぐりを

それでも、各家とも実に奥が深く、紅花や生糸などを商いとした村田商人の繁栄ぶりがしのばれる。

この通りで正徳2年（1712）より造り酒屋を営む大沼酒造店の店構えも蔵造りで風格がある。呑み口のいい「乾坤一《けんこんいち》」を求めながら店内を見回すと、年輪を刻んだレジや金庫などが骨董の店のようにさりげなく置かれている。江戸末期建築の店内の正面から奥につながる廊下は、先が見えないほど長く続いている。

1軒ずつの奥行が実に広い

江戸時代からの屋根看板を掲げる大沼酒造店

豪商の館を特別公開する5月中旬の「むらた春まつり」に出向けば、白鳥神社の蛇藤の花が見事に咲き、龍島院《りゅうとういん》の池泉観賞式庭園のツツジが風雅な趣に彩りを添えている。

村田はこぢんまりとした町だが、政宗の七男で村田城主伊達宗高ゆかりの龍島院といった名刹あり、日本武尊を祀った白鳥神社といった古社あり、栄華をしのぶたたずまいがある。わずかな時間で充実したタイムトリップを楽しめる町だが、格子戸を閉ざした店蔵にもう一度息を吹きかえしてもらいたい、と思うのは旅人の勝手な願いか。

民話の里では電動のおばあちゃんが語り部に

5月はツツジ、6月はサツキが美しい龍島院の庭園

村田を歩く

交通　JR東北本線大河原駅から宮城交通バス村田行き20分村田中央下車

問合せ　村田町商工観光課☎0224・83・2113

歩き方　バス停村田中央を起点に。蔵の町並みから白鳥神社、龍島院は徒歩10分。一番離れた歴史みらい館でも徒歩15分ほどと近い。足をのばしてタクシー10分の民話の里まで行っても3時間で充分。

樹齢800年以上の蛇藤がある白鳥神社　藤は地上を這うこと4m、斜め上に1・5m伸びて細い参道を越え、2株の大杉に巻きついている。前九年の役で藤が大蛇となって敵を追い散らしたという伝説がある。

池泉観賞式庭園がある龍島院　村田城主、伊達宗高公の御廟がある曹洞宗の寺。京都・詩仙堂の庭園美を呈した庭園はサツキとツツジが咲く5～6月が特に素晴らしい。7時頃～、100円　☎0224・83・2160

村田町歴史みらい館

白鳥神社の「奥州の蛇藤」

原始からの歴史や文化を知る村田町歴史みらい館　村田商人の店蔵は一般公開してないのでみらい館へ。実物大に復元した蔵があり、蔵の中に眠っていたものなどを多数展示。9～17時、月曜（祝日の場合は翌日）休、300円　☎0224・83・6822

足をのばして村田町姥ヶ懐《うばがふところ》民話の里へ　ロボットのおばあさんが民話を語る民話伝承館（10～16時）、そば粉をひく日本一の夫婦水車、野菜販売の産直館（9時30分～17時）などが点在。手打ちそばも食べられる。月曜（祝日の場合は翌日）休、300円　☎0224・83・4140

村田土産は　歴史みらい館隣の物産交流センター（月曜、祝日の場合は翌日休）で特産のそら豆のうどんやこんにゃく、納豆、味噌など。大通りの木村屋菓子店（第1・3日曜休）で蛇藤饅頭などを。

永太郎納豆とそら豆こんにゃく

木村屋菓子店の蛇藤饅頭は美味

塩竈

奈良時代からの歴史が潜む東北最古の町

しおがま
◉宮城県塩竈市

絶えず汽笛が響く塩釜港。塩竈の歴史は港から始まった（写真＝渡辺健一郎）

鹽竈神社の御神酒用や海の男のいやしの酒など、塩竈に酒は欠かせない。4軒も造り酒屋がある

5月の日曜日ということもあってか、鹽竈神社では結婚式の真っ最中で、神《み》子《こ》が神楽《かぐら》を舞い、雅楽の音色が流れていた。お宮参りの家族や観光客も多く神域は実に晴れ晴れしかった。

鹽竈神社は陸奥国一宮《いちのみや》。つまり奥州の総社的存在である。安産守護、延命長寿、海上安全、大漁満足、産業開発と祈願の幅も広く、それゆえ朝廷から庶民までの崇敬を集めてきた。

鹽竈神社の創建の年代ははっきりしていないが、平安時代初期の『弘仁式』に登場している。それ以前の奈良時代に、神社より西南5㌔余りのところに設けられた多賀城の精神的支えとなって信仰されたと考えられている。

多賀城は陸奥国の国府であり鎮守府だった。その多賀城の外港が塩竈であり、国府津《こうづ》千軒（現在の香津町辺り）と呼ばれる港湾都市が整備されていたという。都市としては東北最古の歴史をもっていることになる。

さて、町を歩いてみよう。現在の鹽竈神社社殿は第4代藩主伊達綱村が着手し、5代吉村の時代に竣工。歴史ある建造物だが、社殿の前の鉄製の文治《ぶんじ》神燈は文治3年（1187）に藤原秀衡《ひでひら》の3男、和泉三郎忠衡が寄進、とさらに古い。

鹽竈神社表坂と大通りを隔てた塩竈公園の森は源融《みなもとのとおる》（822〜895）の別荘跡といわれる。陸奥出羽按察使《あんさつし》の任務を終えた源融は、入江の多い塩竈の景勝が忘れられず、京の都の邸宅、六条河原院（現下京区本塩竈町付近）に海水の池などを造り、塩竈の景を造ったといわれる。

歌枕の地であった塩竈ノ浦（千賀ノ浦）がはるか都人の憧れの地だったことがしのばれ、実に興味深い。

本塩釜駅近くの海岸中央鮮魚市場、通称やみ市

鹽竈神社の表参道〝表坂〟。202段の石段を一気に上り、拝殿へ。この石段は寛文の造営寺に改修されたもの

丹六園（左）の辺りは古い建物が残り、風情漂う

鹽竈神社は花弁が50枚ほどもあるシオガマザクラでも有名

少し駅寄りに鹽竈神社の末社の御釜神社がある。製塩法を伝えたといわれる塩土老翁神《しおつちのおじのかみ》を祭神とし、4基の鉄釜が祀られる。古式にのっとった藻塩焼《もしおやき》神事が行われ、鉄釜の海水は毎年取り替えられるものの、少しずつ残され、千年も前からの水が受け継がれている。

塩竈は多賀城の外港として、さらに時を経て伊達政宗の時代の貿易港として埋立て、整備され続けた。塩竈市都市再開発課の担当者は言う。

「奈良朝の頃から埋立ては始まったようで、平安時代には御釜神社の前辺りが岸壁でした。長い間の埋立てで、歴史を語り継ぐものは壊されてしまって」

酒蔵や古いたたずまいを所々に残している塩竈。それ以上の古い歴史の記憶をもっているのが、市街地の道そのものである。北浜沢乙線は鎌倉から江戸期にかけて入江を埋立てた道。本町9号線は平安時代、舟着き場だった。

「道の記憶を蘇らせ、〝博物道〟にしようと取り組んでいるところです」と担当者。この町は、どこを歩いても千年の悠々たる時間旅が楽しめそうだ。

塩竈を歩く

交通 JR仙石線本塩釜駅下車。またはJR東北本線塩釜駅から宮城交通バス本塩釜駅行き5分塩竈神社前下車

問合せ 塩竈市商工観光課

☎022・364・1124

歩き方 本塩釜駅から徒歩15分の鹽竈神社へ。できるだけ表参道(表坂)の石段を上って拝殿へ。神域をめぐり東参道(裏坂)を下り、御釜神社へ。丹六園や芭蕉宿泊にちなんだ「奥の細道」碑が立つポケットパーク前の大通り中央に流れる祓川(新河岸川)は、昔からの埋立てによってできた水路。その際《きわ》に木道ができている。塩釜港にも足をのばして船が行き交う港の風景も楽しみたい。

塩釜港から遊覧船で松島へ。様々なコースがある

塩釜港を見下ろす鹽竈神社 現社殿は伊達家4代から5代にかけて9年の歳月をかけて造営されたもの。神域には明治・大正・昭和にわたる神社建築の粋を集めた志波彦神社や、シオガマザクラや藤棚など四季折々の花が華麗な神苑など見応えがある。また、**鹽竈神社博物館**(8～17時、冬期9～16時、無休、200円)には塩業関係資料、伝来の宝物など貴重な品々が展示されている。屋上展望台からは松島や金華山まで一望できる。

「奥の細道」で芭蕉も参拝した御釜神社 鉄釜4基の見学は前もって連絡を。100円。

☎022・366・5239

市民図書館内のタイムシップ塩竈 駅前の壱番館4階にある。こぢんまりした施設ながら昔からの埋立ての推移など歴史がよくわかる。10～18時(土・日曜は～16時)、月曜・祝日・月末休、無料。

足をのばして日本三景の松島へ 松島までの観光船はいろいろある。1時間コース、奥松島をめぐる2時間コース、ナイト&サンセットクルーズなど。また、本塩釜駅から仙石線10分松島海岸駅下車のアクセスもある。

製塩に用いた古い鉄釜が祀られる御釜神社

塩竈では活きのいい魚を食べたい 市内に寿司屋は35軒ほど。本塩釜駅近くなら、やみ市に隣接するすし哲(木曜休)や鮨しらはた(火曜休)で。また、港のマリンゲート塩釜(無休)にも寿司屋がある。

土産は 丹六園(無休)の志ほが満を。

すし哲のにぎり寿司

丹六園の志ほが満

岩出山《いわでやま》

青年政宗居城の地は、水辺の景色が美しい

◉宮城県岩出山町

　初夏ならば延々と水田が続き、秋ならば果てしなく稲穂が波打つ大崎耕土（平野）は、古川を中心とした穀倉地帯でササニシキのふるさとである。岩出山は、大崎耕土を潤す江合《えあい》川沿いの小さな町である。

　この小さな町に、伊達政宗が豊臣秀吉によって移封《いほう》されたのが天正19年（1591）。政宗25歳の時であった。会津も米沢も秀吉に没収された後のことで、荒廃した岩手沢城への移封だった。この時、秀吉の命をうけて修築にあたったのが徳川家康である。政宗は岩手沢を岩出山と改名した。

　それから9年後の関ヶ原の戦で、政宗は徳川方に属して活躍。結果、加封され、慶長8年（1603）に居城を仙台へ移した。岩出山での12年間を経て、その名を響かせた〝独眼竜政宗〟の仙台藩62万石のスタートである。

　その後岩出山城は政宗の4男宗泰《むねやす》の

有備館は岩出山伊達家2代宗敏の仮居館を利用したものなので、室内の欄間などが見事

池泉庭園の一隅に有備館はある

内川に架かる二ノ構橋の辺り。造り酒屋の森民醸造の板塀が趣を添える

居館となり、「要害」に位置づけられた。

標高108㍍の丘陵上には岩出山城の土塁や空堀があり、桜が美しい城山公園として整備されている。城の北側は断崖絶壁で、その下に外堀として江合川から引き入れた内川が流れている。

内川の際《きわ》には国の史跡名勝「旧有備《ゆうび》館及び庭園」がある。有備館は武士の子弟に教育を授けるため、元禄4年（1691）開設された学問所で現存する日本最古のもの。庭園は正徳5年（1715）、仙台藩の茶道頭石州流3代清水道竿《どうかん》によって作庭。大きな池に4つの小島を浮かべた風雅な庭である。春は桜や椿、夏は花菖蒲やツツジ、秋は紅葉、冬は雪景色と、四季の彩りまでも配慮した造りである。

心和むひと時を過ごし、内川沿いの道に出たところが二《に》ノ構《かまえ》橋。ここは昔、土塁と堀をかぎ形にめぐらしたところだ。城の周囲に侍屋敷を配置したという町割の様子は基本的に変わっていないそうだが、確かに周辺の住宅地は閑静で落ち着いた雰囲気。内川は政宗の時代から変わらず、城下に清々しさを添え、大崎耕土に向かって流れている。

城山公園から町が一望のもと

岩出山を歩く

交通　古川駅からJR陸羽東線25分有備館駅下車

問合せ　岩出山町産業振興課　☎0229・72・1211

歩き方　駅前の旧有備館と庭園を見てから西隣の有備館の森公園へ。この先に城山公園への遊歩道がある。木々が茂った傾斜のある道を登って城山公園へ。竹細工指導所の方へ下りてきて内川の二ノ構橋へ。ここまでで所要約1時間30分。内川沿いの趣のある道（学問の道）を岩出山駅まで歩いて約15分。駅にこだわり農産物直売所グリーンアップ21がある。

登米《とよま》

“宮城の明治村”と呼ばれるとっておきの町

◉宮城県登米町

明治21年（1888）に高等尋常小学校として建てられた教育資料館は国指定重要文化財

旧登米高等尋常小学校を手掛けた山添喜三郎が設計した旧登米警察署庁舎。現在は日本唯一の警察資料館

左から旧水沢県庁庁舎の水沢県庁記念館、特産の玄昌石（スレート）を葺いた海老喜、蔵造り商店街の鈴彦

登米にはスレートの屋根が多い

「帰りもバスに乗るなら、案内所に荷物を置いていくといいですよ」と、バスの運転手は終点の登米案内所に迎え入れてくれた。そこは昭和43年まで東北本線瀬峰《せみね》駅と登米を結んでいた仙北鉄道登米駅の跡である。跡といっても駅舎はそのまま使われ、ホームも残っている。変わったのは線路が敷かれていたところにバスが停まっているだけだ。そして駅前の大通りは昔ながらに駅前通りと呼ばれている。

廃線後30年余りも経っているのに駅舎は再利用され、新たな命を吹き込まれて今も在る。再開発でことごとく古

明治23年（1890）に薬種商を始めた伊新薬局は、昔の薬の看板などを展示するアンティーク資料館を併設

いものが取り壊され、味気がなくなった町に住む者にとって、旧駅舎の在りようは頼もしく、懐かしい。

登米の町を歩いていると、登米駅同様の感動を随所に覚えるはずだ。それに、一巡するだけで町の成り立ちと歴史が自ずとわかってきておもしろい。

登米は藩政時代は登米伊達氏2万1000石の城下町として、江戸から明治にかけては北上川の舟運《しゅううん》の中継地で、米の集散地として栄えた町である。

前小路と後小路には数多くの武家屋敷が残っており、特に前小路の連なりは壮観だ。漆喰《しっくい》塀が続き、長屋門や四脚門などが見られ、屋敷街が尽きるところではかぎ形に道が曲がっている。これらの屋敷は現在も居宅として使用されているので修繕が行き届き、漆喰がはがれているような家もない。唯一一般公開されている旧鈴木家住宅は、春蘭《しゅんらん》茶をもてなしてくれるお休み処ともなっている。

武家屋敷の通りからすぐ近くの北上川へ行ってみる。流域面積が全国の大河の五指に入る北上川は悠然と流れ、かつて経済の大動脈だった貫禄を見せている。ここに常時200隻の舟が上り下りしていたといい、現在の三日町、九日町には味噌や醤油、呉服などの店が並び、蔵を構えていたという。現在も充分その面影を漂わせ、町並みの景観を考慮して白壁土蔵に建て直したものもある。

創業天保4年（1833）の海老喜《えびき》は宮城県最古の歴史を誇る味噌・醤油屋だが、明治時代に使っていた酒蔵が手を加えられず昔のまま残っている。柱や梁が継ぎ目のない一本の太い丸太で、海老喜の繁栄ぶりが想像できる。

バルコニーとポーチを中心に据えた明治時代の洋風建築、教育資料館（旧登米高等尋常小学校校舎）は、昭和54年まで小学校として使われ、明治22年（1889）に建てられた警察資料館（旧登米警察署庁舎）は昭和43年まで警察署として使われていた。

壊すことはたやすい。しかし維持することはそのものの価値を把握するという文化水準の高さと自負が要求される。登米はそれらが歴史に培われながら磨き込まれてきた。ここ5、6年登米は年々観光客が増えている。

武家屋敷を公開する春蘭亭。休み処もある

武家屋敷が建ち並ぶ前小路。いかめしさがないのが特徴

登米に繁栄をもたらした北上川

登米を歩く

交通　JR東北本線瀬峰駅から宮城交通バス登米行き1時間終点下車

問合せ　観光物産センター☎0220・52・5566

歩き方　まずは観光物産センター「遠山之里《とおやまのさと》」でマップを入手してから歩こう。隣の教育資料館、水沢県庁記念館、前小路の武家屋敷街へ。中町の通りに出ると警察資料館。さらに蔵造り商店街を歩き、北上川の登米大橋手前に芭蕉にちなむ石碑が立つ。芭蕉は「奥の細道」の旅で登米に1泊している。海老喜の辺りから懐古館へは徒歩20分、森舞台へはさらに15分。3時間から半日ぐらいかけたい。

旧登米高等尋常小学校が教育資料館　純木造の二階建で、正面に向かってコの字型。細部にわたってこだわりのある造りが見られ、大正時代の再現教室などもある。9～16時30分、無休、400円 ☎0220・52・2496

県庁舎から治安裁判所などに使用された水沢県庁記念館　明治の裁判所時代に復元され、裁判所の資料を展示。9～16時30分、無休、200円 ☎0220・52・2160

旧登米警察署庁舎が警察資料館に　明治時代の留置場があり警察官の制服も展示。9～16時30分、無休、300円

懐かしい品々が揃うアンティーク資料館　9～17時、不定休、200円 ☎0220・52・2024

老舗、海老喜が公開する蔵の資料館　親切な説明付きで老舗の歴史がよくわかる。9～17時、1～3月の日曜休、200円（味噌アイス付350円）☎0220・52・2015

城跡の一角にある登米懐古館　登米伊達家ゆかりの武具や美術品などを展示。9～16時30分、無休、200円 ☎0220・52・3578

登米町伝統芸能伝承館、森舞台　藩政時代から伝わる登米能などの活動拠点。建築物としても見応えあり、6月と9月に上演。9～16時30分、無休、200円。

登米の味と土産なら　やわらかくて香ばしい鰻を東海亭（第1・3日曜休）で。土産なら遠山之里（無休）に揃っており、松笠風鈴や玄昌石の硯、油麩《あぶらふ》、太白飴《たいはくあめ》などを。

廃線後はバス案内所になった駅舎

北上川の土手に立つ芭蕉翁一宿之跡碑

海老喜が併設する蔵の資料館

東海亭の鰻の蒲焼は美味

熊本油麩店の油麩

石森

石ノ森章太郎のふるさとは心和む町

いしのもり
◉宮城県中田町

ふるさと記念館の庭は小川や季節の花々、屋外展示と楽しみが多い

中田町は登米の北隣の町である。この辺りは視界を遮る山容がひとつとしてない広大な田園地帯だ。ササニシキやひとめぼれを産する米どころで、小さな集落が点在し、町並みを形成しているのは石森地区ぐらいしかない。

石森は、昭和31年の中田町合併時までは石森町役場があり、さらにさかのぼると江戸期に伊達氏家臣の居館があった城下町の歴史をもっている。小さな町ながらも、古くは仙台藩藩校・養賢堂学頭を務めた儒学者の新井雨窓《うそう》、仙台藩参政の笠原全康《まさやす》ら多くの人材を輩出している。

ふるさと記念館館長の小野寺さんは石ノ森さんの実弟

さすが石ノ森さんのふるさと

そして、お気づきの人も多かろう、漫画家の石ノ森章太郎さんの出身地でもある。『サイボーグ009』『仮面ライダー』『秘密戦隊ゴレンジャー』などのライブ・アクション・ヒーロー物から『佐武《さぶ》と市《いち》捕物控』『HOTEL』、近年の『マンガ日本の歴史』と、漫画による幅広い表現を成し遂げた〝漫画の王様〟である。平成8年に、中田町では「石ノ森章太郎ふるさと記念館」の建設構想を発表したが、開館をその目で見ずして石ノ森さんは平成10年急逝した。

それから2年後、ふるさと記念館は石森地区の中心街に創設された。生家とは数軒隔てただけの距離である。500メートルほどの町通りには、店蔵や千本格子の切妻造りの家がぽつり、ぽつりと残ってはいるが、古い造りのまま漆《しっ》

サイボーグ009が迎えてくれる石ノ森章太郎ふるさと記念館

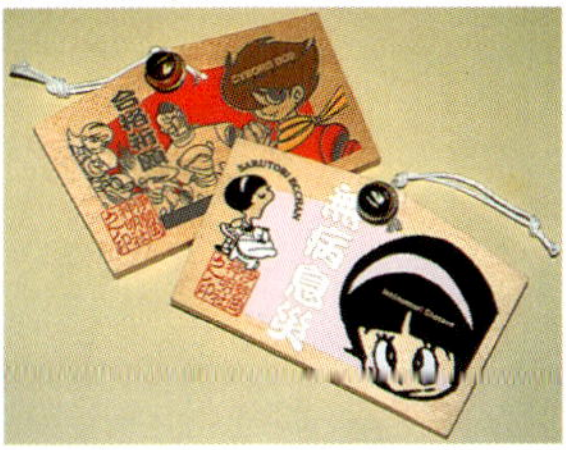
伊勢岡神明社の漫画絵馬は「墨汁一滴」で販売している

喰《くい》は板に、格子はサッシにと改修された町家が目立つ。それでもどこか郷愁を誘い、石ノ森さんの遊び場だったという伊勢岡神明社への小道は土壁や板塀が連なる懐かしい景色を呈している。

とりたてて何かがある町というわけではないが、ぶらりと行ってみると心が和む。ひょっとしたら都会人はこんな町を探していたのではないかと気づくのである。ふるさと記念館は気ままな旅の格好のきっかけにもなっている。

石ノ森さんの生家（右）と記念館（奥）

町通りの千本格子の家は歌人阿部静枝生家（右）。町通りから小道に入ると心のふるさとのような景色に出合う

石森を歩く

交通　JR東北本線石越《いしこし》駅から宮城交通バス石森経由佐沼行き20分石ノ森章太郎ふるさと記念館下車※登米からは宮城交通バス瀬峰行き15分上沼《うわぬま》駅下車、バス停近くのタクシー会社からタクシー10分

問合せ　石ノ森章太郎ふるさと記念館☎0220・35・1099

歩き方　ふるさと記念館から石ノ森少年の遊び場だった伊勢岡神明社へは徒歩5分。さらに10分ほどで石森小学校と石森の地名のもとともなった**石《いし》大《だい》神社**。石ノ森さんの『龍神沼』のモデルとなった神社でもある。付近の農家の生垣や庭の植え込みが美しい。町通りを歩いてふるさと記念館に戻る。所要は2時間ほど。

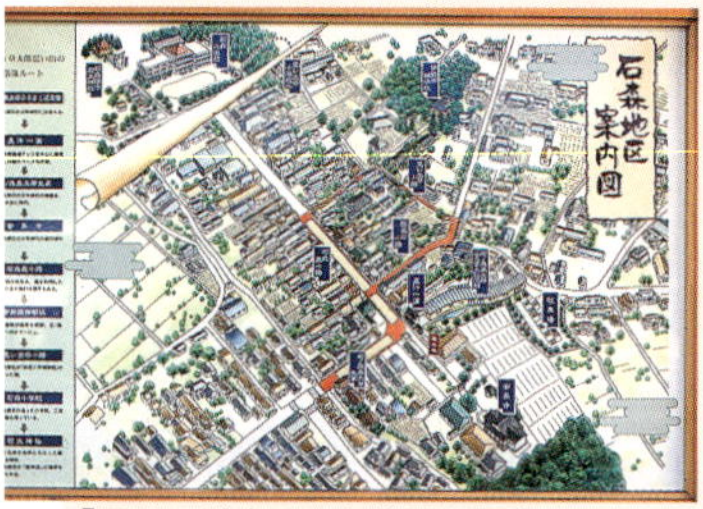

「墨汁一滴」で石森絵図を販売

伊勢岡神明社

石ノ森ファンが全国各地からやって来る石ノ森章太郎ふるさと記念館　石ノ森さんのプロフィールがビジュアル的に紹介された常設展示室、作品を閲覧できるライブラリー、オリジナルアニメ「小川のメダカ」を上演するビデオシアター、著名な漫画家の特別展をする企画展示室からなる。古い店蔵を改造した「墨汁一滴」にはキャラクターグッズのショップや喫茶コーナーがある。伊勢岡神明社に奉納されたマンガジャパン所属の漫画家による絵馬もここで販売。9時30分～17時（7～8月は9～18時、無休）、月曜（祝日の場合は翌日）休、500円

美しき県都、民話の里、本州最北端の町

岩手・青森

せせらぎの城下町。町歩きが楽しい県都

盛岡《もりおか》

◉岩手県盛岡市

巨大な花崗岩を割って開花する石割桜。その逞しさに皆元気づけられる（写真＝榊原透雄）

　盛岡の町をどこから歩き始めよう。花の季節なら石割桜《いしわりざくら》もいいし、旧盛岡銀行もこの町のシンボルのひとつである。しかし、石川啄木や宮沢賢治がのんびりと散歩したという盛岡城（不来《こず》方城《かたじょう》）跡が、気ままに歩く旅の振り出しには相応しいと考えた。

不来方の
お城の草に寝ころびて
空に吸われし
十五の心

やはり自然に啄木の歌が口をつく。石垣の間隙をぬって賢治の詩碑まで下り、下《しも》ノ橋で中津川を渡った。盛岡そぞろ歩きの始まりである。

　下ノ橋脇の新渡戸稲造《にとべいなぞう》像から歩を進め、原敬《はらたかし》墓所のある大慈寺へ行く。盛岡にはやはり人材を育む土壌があるのか、人物ゆかりの場所が続く。大慈寺の東には広場を取り囲むように十六羅漢像の石仏群。5体の如来像と合わせて21体の大きな石仏が並んでいる。

　次に向かう中ノ橋から紺屋町《こんやちょう》辺りのエリアは、盛岡散策のメインステージである。ベージュのタイルを貼ったロマネスク風の旧九十銀行がまず眼に入り、少し北に行けばひときわ目を引く岩手銀行中ノ橋支店（旧盛岡銀行）が建っている。緑のドーム屋根に白いラインの入った赤レンガの壁が格調高い印象を与えている。東京駅設計者の辰《たつ》野金吾《のきんご》が設計に関わっており、旧九十銀行とともに明治末期の建築である。

　すぐ近くの盛岡信用金庫本店は昭和2年の建築で、あきらかに年代の違い

県都の表情を和らげる中津川の清流。右が盛岡城跡

南部氏20万石の城の跡。盛岡産花崗岩の石垣が残り、桜や紅葉が美しい（写真＝榊原透雄）

軽車両を除く

いまだ現役の明治建築、岩手銀行中ノ橋支店。城下町にルネッサンスの風をおこしたシンボルだ

繁華街の一歩裏に入ると古い町並みが続く。右は大正時代の番屋、左上は旧九十銀行、下は旧井弥商店

を感じるモダンなデザインであるが、この3つが盛岡の代表的洋風建築といえるだろう。

紺屋町の通りには、先ほどまでの洋風建築とは趣を異にするかつての豪商「ござ九《く》」の屋敷がある。通りの側からは格子戸の続く軒が、中津川からは土塀・土蔵の続く景観が、それぞれに印象的である。ほかにもこの通りには望楼のある洋風の番屋があり、上《かみ》ノ橋通りには黒漆喰壁の旧井《い》弥《や》商店が建っている。また、上ノ橋の欄干には慶長年間の擬宝珠《ぎぼし》が残っている。

最後にどうしても寄っておきたいのが、市街地北部の寺町通りである。最奥の報恩寺には、享保《きょうほう》年間に4年がかりで作られたという五百羅漢がある。個別に見ればユーモラスな表情のものも多いが、499体といわれるそのおびただしい数にはただ圧倒される。

同じ寺町の三ツ石神社には注《し》連縄《めなわ》を張られた3個の巨石が鎮座する。そこには鬼が二度と悪事をはたらかない誓いに押したという手形があり、それが「岩手」の由来といわれる。

盛岡を一日でめぐるのは難しい。テーマによって歩き方、楽しみ方もおのずと変わる。県都でありながら風光明媚なこの町の懐は、相当に深い。

原敬の墓がある大慈寺周辺。そぞろ歩きに格好の道

地名伝説を伝える三ツ石神社の巨石

報恩寺の五百羅漢。享保年間の作

盛岡を歩く

交通　JR東北新幹線盛岡駅から岩手県交通盛岡都心循環バス5分内丸下車

問合せ　盛岡市商業観光課☎019・651・4111

歩き方　岩手公園から大慈寺周辺を経て中津川沿いに北上し、寺町通りに至る本文のコースを回るには、たっぷり一日かかる。和洋の伝統的建築物群が残る中津川周辺を中心に時間や嗜好に合ったプランを組むとよい。ここでは詳述できないが盛岡には啄木や賢治ゆかりの場所も多いので、できれば2日くらいかけてゆっくりと回りたい。

秋の大慈寺

祭りも解説する郷土資料展示室

城跡の石垣と緑に囲まれた岩手公園　天守閣等の建物は明治維新ですべて壊されたが石垣の美しさは健在。啄木、賢治、新渡戸などの碑がある。

原敬墓所のある大慈寺　中国様式の山門が特徴。墓石には遺言通り「原敬墓」とだけ刻まれている。寺の南には現在も生活用水として使われる青龍水や大慈清水が湧く。

郷土資料展示室と旧中村家　御薬園《ごやくえん》や藩校・明義堂があった場所に建つ中央公民館内に藩政期の盛岡を紹介する郷土資料展示室がある。移築された築240年の商家・中村家も内部見学ができる。9～17時、月曜と祝日休、共通券150円（中村家は冬期閉鎖）☎019・654・5366

日本の道百選「寺町通り」を歩く　多くの寺社が集まって美しい町並みを形成している寺町には、五百羅漢を擁する報恩寺（9～16時、五百羅漢拝観300円）、鬼の手形の巨石がある三ツ石神社、貞女おかんの墓で知られる大泉寺などが並ぶ。

お昼には名物のじゃじゃ麺を　うどんに肉味噌をかけたじゃじゃ麺は中国東北地方がルーツ。麺と具を少し残して卵を入れ、そば湯を注いで鶏卵湯《チータンタン》にするのが通。盛岡じゃじゃめんは10～18時、無休。中ノ橋から東へすぐ。☎019・623・9171

南部せんべいの老舗、白沢せんべい店　伝統的なものから和洋折衷のものまで多種多様な煎餅を販売。8～19時、無休☎019・622・7224

賢治ファンなら光原社でティータイム　『注文の多い料理店』を出版した賢治命名のクラフト店。喫茶店もある。10～18時、毎月15日休、循環バス材木町南口下車すぐ。☎019・622・2894

盛岡じゃじゃめん

白沢せんべい店にて

宮沢賢治の〝イーハトーブ〟を探して

花巻

はなまき
◉岩手県花巻市

移築された羅須地人協会

その赤い屋根をもつ二階建ての建物は花巻農業高校内にある。かつては花巻市街に近い北上川沿いの桜町にあったが、昭和44年にこの地に移築された。30歳になった宮沢賢治は、花巻農学校（現花巻農業高校。当時は花巻駅南西、現在のぎんどろ公園にあった）の教職を辞し、この建物で独居自炊の生活を始めた。そして、ここに羅須地人《らすちじん》協会を設立し、人々に農業を指導したのである。

ここには様々な人々が集まってきた。賢治は指導のかたわら、チェロやオルガンを弾いたり、歌を唄ったりして楽しんだという。車座に椅子が並んだ部屋や、「下ノ畑ニ居リマス　賢治」という入口の黒板に書かれた文字が当時の雰囲気を伝えている。

賢治は芸術家であり、科学者であり、教育者であり、宗教家である。ただ、彼自身は自らを「修羅」と呼んだ。それは、優劣は別として一般の人とは違った次元、違った価値感で生きるとい

羅須地人協会内部。賢治はここで新しい農業や芸術を説いた

奥羽山脈の懐に抱かれた花巻。郊外にはいくつもの温泉が湧き、高村光太郎が7年間独居自炊した小屋がある

賢治が名付けた"イギリス海岸"

うことである。実際の行動がどうというよりも、その視線の先にあるものが他の人とは違ったのかもしれない。

羅須地人協会があった場所には、現在「雨ニモマケズ」の詩碑が立ち、毎年9月21日の命日は賢治祭が開かれている。北上川沿いに広がる眼下の畑は、賢治が自ら鍬を入れていたところ。黒板に「下ノ畑」と書かれていた意味がすぐに理解できる。

近くにある桜地人館《さくらちじんかん》は、賢治や高村光太郎の資料・作品を集めた資料館である。そこで偶然お会いした89歳になられる三川ミサオさんは、少女時代に下の畑で賢治からチューリップをもらった思い出があるという。賢治のここでの生活は2年余り。その後発病を重ね、37歳でこの世を去った。

そこから北上川に沿って歩くと、市街地東部にあるイギリス海岸に出る。ここは「百二十万年前、第三紀のあとのころは海岸でね、」と『銀河鉄道の夜』にも登場する場所で、イギリスの海岸を思わせるところから賢治が名付けた。渇水期の方がその雰囲気が濃い。『イギリス海岸』という童話も書いていることから、かなりお気に入りの場所だったようだ。

「イーハトーブは一つの地名である。ドリームランドとしての日本岩手県である。そこではあらゆる事が可能である」と賢治は記している。新花巻駅周辺には、彼の思い描いたドリームランドがどんなものであったかを伝えるべく、童話村・記念館・イーハトーブ館・南斜花壇などの施設が造られている。

背後の胡四王山《こしおうさん》からは、早池峰山《はやちねさん》と岩手山の両方の峰を望むことができる。妹とともに作品に描かれている場所で、妹や自分の病によって帰郷を余儀なくされた時の賢治は、この2つの美しい山をどんな思いで眺めたのだろうか。

花巻はわんこそばの元祖の地。老舗のやぶ屋が人気

花巻を歩く

交通　JR東北本線花巻駅から岩手県交通バス賢治詩碑前行き15分終点下車

問合せ　花巻市観光課　☎0198・24・2111

歩き方　賢治詩碑からイギリス海岸まで北上川沿いに歩いて40分、そこから城跡を経て花巻駅まで30分。そこからバスで記念館のあるエリアに移動して周辺を散策する。羅須地人協会はやや交通の便が悪いが賢治をテーマにするならぜひ訪れたい場所である。

花巻城の面影を伝える門や時鐘　円城寺門や再建された時鐘楼・西御門がわずかに花巻城の名残を伝えている。

桜地人館　9〜16時、無休（冬期閉館）、350円　☎0198・23・6591

羅須地人協会・賢治の家　花巻農業高校の玄関で鍵を借りて見学。9〜17時（土・日は午前中のみ。第2・4土曜と日曜は事前予約要）、無料。花巻駅から石鳥谷《いしどりや》行きバス20分二枚橋下車、東へ徒歩10分。☎0198・26・3131

宮沢賢治記念館　8時30分〜16時30分（冬期9時〜）、無休、350円。花巻駅から新花巻駅行きバス20分賢治記念館前下車、徒歩15分。☎0198・31・2319

宮沢賢治イーハトーブ館　賢治研究の拠点施設。8時30分

賢治のことなら宮沢賢治記念館へ

昔の形のまま残る羅須地人協会

花巻城で唯一現存している円城寺門

花巻城二の丸にあった時鐘を市役所前に復元

山猫軒のイーハトーブ定食

花巻温泉郷の大沢温泉は名高き湯治場

〜17時30分、無休、無料 ☎0198・31・2116

宮沢賢治童話村　賢治童話の世界を体験できる。8時30分〜16時30分、無休、入村無料（賢治の学校入館300円）☎0198・31・2211

光太郎が7年間独居生活した高村山荘・高村記念館　8〜17時、無休（冬期閉館）、500円（記念館と共通）。花巻駅からバス高村山荘行き30分終点下車　☎0198・28・3012

賢治が「ブッシュ」と呼んだわんこそばのやぶ屋　賢治が好きだったという天そばとサイダーを「賢治定食」といって頼む人もいるとか。わんこそばは3000円〜。11〜21時、第1・3月曜休　☎0198・24・1011

「注文の多い料理店」そのままの山猫軒　賢治記念館のすぐ近く。イーハトーブ定食1450円などが人気。9〜17時、無休　☎0198・31・2231

秀峰を仰ぐ山里。いまも民話を語り継ぐ

遠野《とおの》

◉岩手県遠野市

「むがす、あったずもな」という語りで遠野の昔話は始まる。その語り口や内容の面白さには我知らず引き込まれてしまうが、その後に山里を歩くとカッパやザシキワラシ、雪女にふと出会えそうな気がするから不思議である。

柳田國男の『遠野物語』で知られる民話の里・遠野は、早池峰山《はやちねさん》などの美しい山々に周りを囲まれており、その山々には以下のような伝承が残っている。女神が3人の娘に「よい夢を見た者によい山を与える」と告げ、夜中によい夢を見ている長女の胸に霊華が降りてきたが、これを末の娘が横取りし、遠野三山のなかで最も美しい北の早池峰山を得、姉たちは東の六《ろっ》角牛山《こうしやま》と西の石上山を得

清らかな山河、澄み切った空気…遠野を歩いているとカッパにもザシキワラシにも出会いそう（写真＝渡辺健一郎）

常堅寺の裏手に流れる足洗川のカッパ淵

たというのである。

山里を歩く前に町の中心にある博物館や昔話村で民話や遠野に関する知識を蓄えておきたい。物産館の二階には語り部ホールがあり、実際に民話を聞くこともできる。また、昔話村には、柳田國男が常宿としていた旧高善旅館が移築され、公開されている。柳田國男はここで遠野の人・佐々木喜《き》

善《ぜん》の話を聴き、『遠野物語』をまとめた。

民話の里を歩く起点としては土淵《つちぶち》にある伝承園がいい。古い住居などが展示されており、遠野の伝承を語るうえで欠かすことのできないオシラサマ人形が千体も飾られた土蔵は圧巻である。

『遠野物語』では、「昔あるところに貧しき百姓あり。妻はなくて美しき娘あり。また一匹の馬を養う。娘この馬を愛して…」という書き出しでオシラサマについて語っている。娘の父は怒り、この馬を殺してしまう。「娘はその首に乗りたるまま天に昇り去れり。オシラサマというはこの時より成りたる神なり」という。オシラサマは古くからそれぞれの農家に祀られてきた。

遠野ふるさと村では"まぶりっと"（守り人）がわらじを作ったり、農作業をしている

伝承園から東北自然歩道に沿って常《じょう》堅寺《けんじ》へと向かう。近くの小川には、カッパ伝説をはらむカッパ淵と呼ばれる場所があり、昔は多くのカッパが住んでいたという。遠野にはカッパに関する伝承が多く、随所にカッパの像が見られるなど、シンボルとして扱われている。常堅寺の狛犬《こまいぬ》になっているカッパは、火事の時にカッパ淵からこの寺に避難してきたという。また、逆にカッパが頭の皿から水を出して寺の火事を消したという話も残っている。

自然歩道に沿って気持ちのいい田園地帯が続く。途中の水光園を除けば、特に施設があるというわけではないが、のんびりと歩くことによって「民俗学の高天原《たかまがはら》」ともいわれた遠野の人々の暮らしに触れることができる。

山口にある「でんでら野」は、棄老伝説が残る場所。60歳を過ぎた老人たちがここで寄り添って暮らしていたという。真偽のほどはわからないが、農村には民話だけでなく歴史にも人々の哀しみが込められている。

遠野は昔から馬産地で有名。現在も周辺の高原には牧場が多い

山里の生活と自然をそのまま展示した遠野ふるさと村

遠野ふるさと村には江戸から明治にかけての曲り家を6軒移築

伝承園では語り部を囲み、遠野の昔話を聞くことができる（写真＝渡辺健一郎）

伝承園の御蚕神（オシラ）堂

千葉家の曲り家では馬屋を見学できる

遠野を歩く

常堅寺のカッパ狛犬

交通　JR釜石線遠野駅下車。伝承園へは遠野駅から早池峰バス土淵線25分伝承園、または附馬牛《つきもうし》線15分足洗川《あしあらいがわ》下車

問合せ　遠野市商工観光課
☎0198・62・2111

歩き方　遠野駅から南へ徒歩10分のとおの昔話村と市立博物館を訪れた後、バスで伝承園に移動し、東北自然歩道で常堅寺を経て水光園に至る。そこから途中で右のでんでら野に寄り、三叉路を右に行けば佐々木喜善生家（内部非公開）や水車小屋がある。戻ってそのまま直進し、山口からバスに乗るが、本数が少ないので事前に調べておきたい。

とおの昔話村　柳田國男や『遠野物語』に関する資料が中心。向かいにある遠野物産館ではクルミやゴマを使った名菓明《あけ》がらす、カッパグッズ、米を使った乳酸飲料などの土産を販売。2階の語り部ホール（入場100円）では昔話が生で聴ける（通常一日3回）。9～17時、無休、300円（博物館との共通券500円）
☎0198・62・7887

遠野市立博物館　昔話のほか農村の暮らしや民俗学に関する展示がある。9～17時、月末日・11～3月の月曜・12～2月の祝日・11月24～30日・3月1～4日休、300円（平成14年4月から変更）☎0198・62・2340

伝承園　旧菊池家曲り家《まがりや》や佐々木喜善記念館があり、伝統家屋を利用した食事処では郷土料理を味わえる。「ひっつみ」と呼ぶすいとんが付いた伝承園定食700円など。9～16時30分、無休、300円
☎0198・62・8655

たかむろ水光園　日本庭園や民具館、酒造り資料館がある。ソーラートロン温泉館では日帰り入浴（10～21時、500円）や宿泊も可能。10～16時、第4月曜休、入園300円
☎0198・62・2834

足をのばして遠野ふるさと村へ　わら細工などの体験もできる。9～17時、無休、入村500円、遠野駅からバス附馬牛線25分ふるさと村下車。
☎0198・64・2300

南部曲り家を代表する千葉家　約200年前建築の伝統家屋で、現在も住居として使われているが一部公開。8時30分～17時（冬期9～16時）、無休、350円　☎0198・62・9529

伝承園の食事処で伝承園定食を

とおの昔話村ではまつだ松林堂の明がらすやカッパグッズを販売

深い入江と朝市と。三陸きっての港町

大船渡

◉おおふなと 岩手県大船渡市

一ノ関を起点とするJR大船渡線は、ドラゴンレールの愛称そのままに幾度も折れ曲がりながら気仙沼、陸前高田を経て大船渡に達している。終点は大船渡駅のひとつ先の盛《さかり》駅。この駅からは三陸鉄道南リアス線がさらに北の釜石へと続いている。

大船渡は港町である。その港には鎖国以前にイスパニアの探検隊が訪れたという歴史もあり、今も外国船が入港する貿易港でもあるが、やはりここは三陸有数の漁港であるということを忘れるわけにはいかない。

0と5の付く日には盛駅前で朝市が開かれると聞き、早朝の散歩がてらに訪ねてみた。しかし、夜明け前から始まる朝市が多いなかで、ここの朝市はずいぶんとのんびりしている。一応6時頃には始まるが、その時分にはまだ店はまばらで、ようやく賑わってくるのは9時前後である。午後1時までやってる店もあるくらいで、それほど慌てて出かける必要はないようだ。

並べられた魚介類は、質・量もさることながら、その種類が非常に豊富で

漁船が次々と岸壁に横付けされ、セリの準備にとりかかる

晩秋の早暁、大船渡の魚市場は鮭の水揚げで活気を帯びている

威勢のいい声が魚市場に飛び交い始めた

ある。寒流と暖流が出合う三陸沿岸が好漁場であることは言うまでもないが、大船渡はそれに加えて奥行き6キロという細長い湾をもつ。このことは、サンマやイカやカツオが獲れるだけでなく、ホタテやカキの養殖にも適しているということを物語っている。

朝市には、魚介類以外に野菜や果物、山の幸も並ぶ。近郊の町村から売りに来る人も多く、5日に1回というペースが売り手にも買い手にも都合がいいのかもしれない。

朝市を見て回った後は、三陸屈指の景勝地・碁石《ごいし》海岸に向かう。岬まで意外に距離があるのは、それだけ大船渡湾の懐が深いということである。このことは町に大きな恵みをもたらしているが、昭和35年のチリ地震による津波では大変な災いをもたらした。日本全体で142人出た死者・不明者のうち、53人が大船渡の住民だったのである。

　碁石海岸はリアス式海岸の典型といえる断崖絶壁が続いている。シンボルになっているのは、東岸にある奇岩・穴通磯《あなとおしいそ》だが、岬周辺にも見どころは多い。この付近は遊歩道が整備されており、気持ちのいい散策ができるので、世界の椿館を起点に、市立博物館や灯台から雷岩、乱曝谷《らんぼうや》をめぐってみたい。

　雷岩は、その海食洞穴に打ち寄せる波が雷鳴のように聞こえてくることから名付けられた。それがわかっていても雨天や曇天の日には本物の雷と区別がつかない。環境庁（当時）選定の「残したい日本の音風景百選」に選ばれたのも納得できるところである。

　さらにその音には乱舞するウミネコの声が加わる。魚が旨く羽休めできる奇岩が豊富なこの地は、海鳥たちにとってもまったくの楽土である。

盛駅前の朝市。売り手も買い手も、朝市を楽しみにやって来る

朝市には鮮魚や干物、野菜、果物まで並ぶ

大船渡を歩く

交通　JR大船渡線盛駅下車。碁石海岸へはJR大船渡駅から岩手県交通バス約30分碁石海岸下車

問合せ　大船渡市観光物産課☎0192・27・3111

歩き方　盛の朝市を訪ねてから碁石海岸へ移動。バス停から灯台を経て大浜まで遊歩道を歩き、車道伝いに起点に戻ると約1時間30分ほどの行程。

遊覧船で碁石海岸一周　えびす浜から発着し、小舟で奇岩をめぐる。一隻3000円～、冬期欠航。碁石観光遊覧船組合☎0192・29・3164

碁石海岸のシンボル・穴通磯　岩の基底部に3つの穴があいた奇岩。4月15日～10月15日の日曜・祝日のみ碁石海岸からバスが運行。

約4億年前から現在までの歴史を学ぶ大船渡市立博物館　地層そのものや様々な化石が並ぶ地質展示室、生活と海との関わりの歴史を見せる考古・民俗展示室などがある。9～16時30分、月曜・祝日・2月1～7日休、300円☎0192・29・2161

約200種のツバキが競う世界の椿館・碁石　大船渡市は太平洋沿岸のヤブツバキ自生北限地。冬から春にかけて世界13カ国から集めたツバキが館内で花を咲かす。苗木や椿油も販売。9～17時、月曜休、500円（夏秋は200円）☎0192・29・4187

三陸の季節の幸を味わう　椿館横のドライブイン碁石（碁石観光ハイツ）では、エビやホタテに季節の魚介を豪華に盛り付けた海鮮乱曝谷丼1500円や初夏限定の生ウニ丼3500円など、旬の素材にこだわった料理を味わえる。9～17時、不定休☎0192・29・2010

三陸の甘い名物・柿羊羹　佐藤屋では特産の小枝柿を干柿にして加工した柿羊羹を販売。8時30分～18時30分、不定休☎0192・26・2209

碁石海岸の穴通磯。小船はアワビ漁

世界の椿館・碁石。大船渡は自生のヤブツバキが多い町

海鮮乱曝谷丼。これに小鉢が付く

佐藤屋の柿羊羹

水沢

みずさわ
◉岩手県水沢市

武家屋敷の町と鋳物の町の2つの顔

東北新幹線の水沢江刺《みずさわえさし》駅の前に巨大な鉄瓶が置かれている。説明によると、これで湯呑み茶碗7万5000杯の湯が沸かせるとか。南部鉄器の里・水沢ならではのモニュメントである。水沢市の市街地は北上川をはさんだ向こう側だが、鋳物《いもの》の里は新幹線と北上川にはさまれたこの羽田《はだ》地区一帯である。駅前には、「キューポラの館」と呼ばれる水沢市伝統産業会館があるので、まずはここで鉄器に関する知識を蓄えたい。

この地域の鋳物の歴史は、藤原清衡《きよひら》が近江から鋳物師を招いたのが始まりとされる。その後、南北朝時代に京都から来た職人がこの地に定着するなどして、江戸時代には全国に知られる産地となった。工芸品的な鋳物が中心の南部藩・盛岡に対し、伊達藩領の羽田は鍋・釜などの日用品を多く製造した。

キューポラの館では、明治初期の工場を再現しているコーナーがおもしろい。鉄瓶の製造には、「焼型《やきがた》」と呼ばれる伝統的な手造りと「生型《なまがた》」と呼ばれる機械製造があるが、ここで再現されているのはもちろん前者である。鋳型《いがた》と中子《なかご》を造り、その隙間に鋳鉄《ちゅうてつ》を流すわけだが、それぞれの工程に様々な工夫が込められており、興味深い。

そもそもここに鋳物業が発展したのは江刺や気仙《けせん》(現・陸前高田市)の砂鉄、北上山地の薪、北上川の川砂と水運という諸条件に恵まれていたからである。さらに需要の安定した生活品を造っていたのも衰退を免れた要因であろう。

とはいっても危機がなかったわけではない。戦前の恐慌や戦中の産業統制、高度成長期以後の生活様式の変化など、戦後の一時期を除いては鋳物にとって厳しい時代が続いている。それでも羽

武家住宅資料館の一施設、後藤新平旧宅

大町川に架かる長光寺橋、通称めがね橋。川沿いの土蔵が町人町として栄えた大町界隈の歴史を伝える

日高小路などには数寄屋風の安倍家（写真）や江戸期の薬医門をもつ吉田家など留守氏家臣の屋敷が随所に残る

鉄瓶を主に造る成龍堂の及川齋さん。土・日曜以外は工場見学可能。要予約☎0197・23・6314

及川さんの工房にて

涼やかな音色の風鈴は土産に最適

南部鉄瓶はいまや工芸品になっている

田の人々はたび重なる危機を乗り切ってきた。高度成長期以降は風鈴・灰皿・すきやき鍋などの新しい特産品を育て、鉄瓶を生活品から工芸品に高めた。最近では、鉄器が鉄分補給の健康商品として見直されているという。

　羽田の町を歩くと、その工房の多さに驚く。大きな工場を除けば造っている商品は決まっていて、なかには鉄瓶のツルだけを造っている工房もある。工場のショールームには様々な鉄器が並べられ、見ているだけでも楽しい。伝統工芸品のマークが付いているのは、手造りの焼型で造られたものである。

　鉄器の里を堪能したら、水沢の中心にも足をのばしたい。古い武家住宅がいくつも残り、内部見学できる旧邸もある。さらに、高野長英《たかのちょうえい》・後藤新平・斎藤實《まこと》という地元出身の人物の記念館がそれぞれあり、なかなか興味は尽きない。奇抜な発想で知られる長英は別として、あとの二人は努力型で職人肌の政治家であり、その点は水沢の鋳物師たちに通じるものがあると思うのは私だけだろうか。

中心街の喫茶店

武家住宅資料館の旧内田家

水沢を歩く

交通　JR東北新幹線水沢江刺駅下車。またはJR東北本線水沢駅下車。両駅間は岩手県交通バスで12分

問合せ　水沢市商工労働課☎0197・24・2111

歩き方　水沢江刺駅から伝統産業会館「キューポラの館」に寄り、工房の並ぶ羽田地区を散策。その後水沢市街に移動し、長英墓所のある大安寺から3記念館や武家住宅をめぐり、乙女川公園を経て駅へ。

水沢三傑の足跡をたどる3つの記念館　鎖国中でも世界に目を向けた蘭学者・高野長英、大震災後の帝都復興院総裁などを務めた後藤新平、海軍大臣・首相などを歴任したが二・二六事件で凶弾に倒れた斎藤實の3人の記念館がある。各館とも9〜16時30分、月曜休、200円（3館共通券400円）。

武家住宅資料館　武家住宅資料センター、旧内田家・後藤新平旧宅の3つの展示がある。9〜16時30分、月曜休、無料☎0197・22・5642

乙女川先人館　水沢城の復元模型などを展示。9〜16時30分、月曜休、無料☎0197・23・5760

南部鉄器を解説する「キューポラの館」。土産も販売

東海林の二物考そば

水沢市伝統産業会館（キューポラの館）　9〜17時、月曜休、200円☎0197・23・3333

南部鉄器を買う　キューポラの館や鋳造所直営の販売所などで購入できる。なかでも及《おい》源《げん》鋳造（☎0197・24・2411）は直売所も広く工場見学（要予約）もできる。土産には急須や風鈴が人気で、煮炊きに使うと鉄分が補給できる鉄玉子がユニーク。

長英に由来する新名物・二物《にぶつ》考《こう》そば　長英が飢饉の際に『救荒《きゅうこう》二物考』の中で馬鈴薯と早蕎麦の栽培を奨励したのにちなんでジャガイモを使ったそばが考案された。うどんに近い感じのそばで、夏は冷やしで、冬は温かくして食べる。**レストラン東海林《しょうじ》**（11〜21時、不定休☎0197・24・3181）などで。

江刺

箪笥と羊羹で知られる岩谷堂は蔵の町

◉岩手県江刺市《えさし》

深みのある赤褐色に黒の彫金金具を多数取り付けた岩谷堂箪笥《いわやどうたんす》は、民芸家具としての温かみがある。装飾は華麗で、高級品であることは確かだが、桐箪笥に比べて親しみを感じやすく、それぞれのライフスタイルにすんなりととけ込んでくれそうな印象を受ける。

岩谷堂とは、江刺市の中心地の地名である。ここは、藤原清衡《きよひら》が平泉に移るまで居館を置いた場所で、ここで奥州藤原文化の基礎が築かれた。岩谷堂箪笥の歴史は、この清衡の時代に始まるともいわれるが、特産として復興し、今の形になったのは江戸中期から後期、天明から文政の頃である。

岩谷堂箪笥は、表面に木理《もくめ》の美しい欅《けやき》を使っているのが特徴である。塗り方は「拭き漆塗り」と「木地蝋《きじろう》塗り」の2種。前者は漆を塗っては拭き、高湿の部屋でじっくり乾燥させるということを最低6回は繰り返す。後者は20回以上も漆を塗り重ね、鹿の角の粉で磨き上げて独特の光沢を出す。飾り金具は、伝統技術による手打ち金具が大きな特徴であるが、南部鉄を使った鋳鉄《ちゅうてつ》金具を使う場合もある。

江刺の町の箪笥店に入り、岩谷堂箪笥とじっくり対面する。個人的には、小型で引き出しの多いものにこの箪笥の魅力が凝縮されているように思えてならない。錠前金具が多いのは、かつて商人が金庫として使った名残とか。底に車輪のついた車箪笥も火事の際に持ち出すための工夫であったという。

どれも岩谷堂箪笥として素晴らしいものに違いない

岩谷堂は江刺の中心地。蔵が多く、黒壁ガラス館付近は新しい蔵も作られ、整備中

北上川の舟運により栄えた町。肥料や油の依田養商店には
奥の蔵までトロッコ軌道があり、昔日がしのばれる

のだが、伝統工芸品の証紙が貼れるのは、欅の無垢《むく》材や手打ち金具を使用した特注品などごく一部のものだけである。これらは工芸品というよりは芸術品の域に達している。

「気軽に買えるものではないが、一生使えるものなら……」などと未練を残しながら江刺のそぞろ歩きに戻る。岩谷堂は「蔵のある町」として散策の魅力にもあふれている。中町通りには白壁の蔵が並び、その中がミュージアムや喫茶店になっていてなかなか楽しい。ほとんどが土蔵だが、なかには板蔵やレンガ造りの蔵もある。

町から人首川《ひとかべがわ》を挟んだ東には、赤いとんがり帽子の屋根をのせた明治記念館（旧岩谷堂共立病院）が建つ。作家の菊田一夫が一時江刺に疎開していたことから、この建物が『鐘の鳴る丘』のモチーフになったといわれており、朝な夕なに「とんがり帽子」のメロディが人々に時を告げる。

その背後には向山が広がり、「夢乃橋」を渡れば岩谷堂城跡のある館山、近くには広大な歴史公園「えさし藤原の郷」がある。前九年の役では父・経《つね》清《きよ》が敗れて処刑されたが、後三年の役に勝利して奥州の覇者となった藤原清衡。その物語は、この町を訪れる者にさらなる興味を与えてくれる。

藤里木工の片扉箪笥

藤里木工のショールームには各種揃う

岩谷堂箪笥総合部門伝統工芸士の藤里木工・及川孝一さん

藤里木工では製造工程も見学できる。お盆休。水沢江刺駅から徒歩10分☎0197・35・7711

江刺を歩く

交通　JR東北新幹線水沢江刺駅から岩手県交通バス約10分江刺バスセンター下車

問合せ　江刺市商工観光課　☎0197・35・2111

歩き方　バスセンターから中町商店街など市街地をくまなく歩いても歩行時間は1時間弱。その後、館山史跡公園、向山公園を通って起点に戻ると全体で約5kmになる。えさし藤原の郷を見学するなら最低2時間はみておきたい。

とんがり帽子の明治記念館　9時30分～16時、月・火曜休（冬期は不定休）、無料　☎0197・35・7830

黒壁ガラス館　世界各地のガラス製品が展示・販売されている。工房見学や体験教室もある。10～18時（11～3月は～17時）、火曜休、無料　☎0197・35・8433

黒船オルゴールいわや堂　多種多彩なオルゴールを展示・販売。10～18時（11～3月は～17時）、火曜休、無料　☎0197・31・2762

奥州の平安絵巻を再現したテーマパーク・えさし藤原の郷　総工費36億円という壮大な規模の公園で、「炎立つ」や「花の乱」など大河ドラマのロケに何度も使われている。初代清衡の居城や政庁などを再現し、平安時代の優美な世界を造り出している。特産品コーナーやレストランもある。9～17時（12～3月は～16時）、無休、800円、江刺バスセンターからバス7分　☎0197・35・7791

迫力ある鹿踊《ししおどり》を毎週日曜見ることができる　岩手県地方に伝わる鹿踊は、一対のササラや鹿角のついた頭《かしら》、その下の馬の黒毛を使ったザイなどの装束に度肝を抜かれる。5月の江刺甚句まつりと8月の江刺夏まつり以外に、えさし藤原の郷で毎週日曜、11時と14時の2回踊っている。

江刺ならではの名菓が並ぶ菊正堂　伝統の「岩谷堂羊羹」500円～や江刺特産の和グルミとスイスの洋グルミなどを用いた「陸奥の王者」500円～などが土産に最適。8時30分～19時、無休　☎0197・35・2022

三百年の伝統をもつ卵めん　タマゴの香りとシャキッとした歯ごたえが独特。普通は冷やして食べるが温かくしてもよい。まるぶん食堂10～20時、水曜休、卵めん500円　☎0197・35・2257

お盆の頃には悪霊追放、秋には豊作を祈願する鹿踊

右上は手焼煎餅の八重吉、左上は菊正堂の岩谷堂昔羊羹。左はまるぶん食堂の卵めん。

弘前

洋風建築が多い津軽10万石の城下町

ひろさき
◉青森県弘前市

明治37年（1904）建築の青森銀行記念館。太宰治生家の斜陽館（金木）も設計した堀江佐吉による

青森銀行記念館は入館可能

大正時代からの弘前昇天教会

弘前の町から望む岩木山は美しい。孤峰として悠然と裾野を広げる姿は、見る者の憧れを誘う。この町に生まれた人は、この山を自らの心象風景として心に刻んでいくのだろう。さらに、弘前には桜の美しい城がある。五層の天守閣が落雷で焼失したのは不幸だったが、櫓を改築した三層の天守閣がそのままの姿で残っている。夏の夜を彩る勇壮華麗なねぷたと合わせ、これだけでも弘前は充分魅力のある町である。

だが、この町を本当に「歩いてみたい」と思わせるのは、点在する和洋の歴史建築である。藩政期に建てられた商家、武家屋敷、寺院が残る一方で、明治・大正期の洋館、銀行、教会が今も実用に供されている。それらを残してきた人々の努力に敬意を表するとともに、軍都でありながらも戦災をまぬがれた幸運を思わずにはいられない。

洋風建築は、弘前城と弘前駅の間の

岩木山を一望する藤田記念庭園内の洋館

旧弘前市立図書館。津軽の城下町はハイカラで色彩豊か

広い範囲に残っている。観光拠点となる追手門《おうてもん》広場にあるのが、いずれも明治末期に建てられた旧市立図書館と旧東奥《とうおう》義塾外人教師館。なかでも旧市立図書館は八角形の双塔をもつルネサンス洋式で、実にバランスのとれた美しいデザインである。この建物の設計者は堀江佐吉で、彼は北海道に渡って函館や札幌の洋風建築を学び、弘前に帰ってからは次々と新しい建物を設計した。現在、青森銀行記念館となっている旧第五十九銀行は、そんな彼の作品のなかでも最高傑作といわれている。

これらの建物のほとんどが内部見学可能で、褐色の光沢をもつ欅《けやき》の階段などに触れると、それを作った人やそこで時を過ごした人々の息づかいまで感じとれそうな気がする。当時、それらは「誰も見たことのないような」という魅惑的な言葉で語られる存在であったことだろう。

キリスト教伝道の先進地でもあった弘前には歴史のある教会建築も多く、ノートルダム寺院を思わせる日本キリ

弘前城の南には多くの寺が連なる。最勝院に東北では数少ない五重塔が建つ

長勝寺の御影堂はきらびやか。厨子に祀られた津軽藩祖の木像は実に精巧

寺が多いのは城下町の名残。さらに旧伊東家や旧梅田家など武家屋敷も残っている

禅宗の寺が33カ寺集まる禅林街。弘前はハイカラな表情と古都の表情を合わせもつ

青森の「ねぶた」が人形型に対し、弘前の「ねぷた」は扇形の大灯籠が主流。正面は武者絵で後面には愁いを含んだ美人画

太鼓や笛がねぷたまつりを盛り上げる

スト教団弘前教会、ゴシック洋式の祭壇が見事な弘前カトリック教会、朝夕に鐘を鳴らす赤レンガの弘前昇天教会などが秀逸である。

一方、城の北側の伝統的建造物群保存地区には、旧岩田家や旧梅田家などの武家屋敷、石場《いしば》家や川崎染工場などの商家が残っている。この一角に来ると、現代から近代へと遡った時間感覚が、さらに近世へと引き戻される。

その時間感覚を携えて城の南西に位置する禅林街へも足をのばす。禅宗の寺ばかりが集まったその最奥には、津軽藩主の菩提寺である長勝寺。重要文化財の三門をくぐると正面に本堂があり、その奥の御影堂《みえいどう》には極彩色の厨子《ずし》に納まった藩主津軽為信《ためのぶ》の木像が祀ら

津軽の春を象徴する弘前城の桜。ゴールデンウィークの頃、100万人を超える花見客で賑わう

れている。その多彩な色付けが施された厨子は、様々な色の糸によって織られた弘前の歴史そのもののようである。

弘前を歩く

交通　JR弘前駅から弘南バス市役所方面行き15分市役所前公園入口下車。帰りは中土手町から同バス乗車

問合せ　弘前市観光物産課
☎0172・35・1111

歩き方　弘前は見どころが非常に多く、すべてを一日で回るのは難しい。個人に合ったプランを立てるのがよいが、フルコースの場合は以下の行程を参考に。観光拠点になる弘前市立観光館（物産コーナーもある）のほか弘前市立郷土文学館・旧市立図書館・旧東奥義塾外人教師館・山車展示館などが集中する追手門広場を起点とする。そこから弘前城史料館（天守閣内）・弘前市立博物館・弘前城植物園などの施設を擁する弘前公園の北側に抜け、岩田家・伊東家・梅田家の各武家屋敷と商家の石場家などをめぐる。公園の東へ戻って弘前カトリック教会・日本キリスト教団弘前教会・青森銀行記念館などの洋風建築を回り、起点を経て広大な庭園をもつ藤田記念庭園、最奥の長勝寺へと続く禅林街に足をのばす。さらに新寺町を経て秀麗な最勝院五重塔を訪ね、日本聖公会弘前昇天教会のある中土手町付近を終点とする。

勇壮華麗な真夏の祭典　8月1～7日に開催される弘前ねぷたまつりは、色鮮やかな武者絵が描かれた約60台の扇ねぷたと組ねぷたが夜の町を練り歩く弘前の夏の風物詩。

津軽藩ねぷた村　様々なねぷたを観賞できるほか、金魚ねぷた、津軽凧、ミニ扇ねぷたなどの絵付けを体験（要予約）することもできる。

川﨑染工場　藩政期以来の建物で昔ながらの方法で染めた天然藍染は土産物としても最適。ハンカチや小袋、花瓶敷などがある。予約すれば藍染体験もできる。

バス停中土手町前の一戸時計店

笹の舎の「気になるリンゴ」

津軽塗や上の品を観光館で

施設名	所在地	開館時間	定休日	入場料	問合せ0172
弘前市立観光館 山車展示館	追手門広場	9:00～18:00 （1～3月中旬は～17:00）	無休	無料	37-5501
弘前市立郷土文学館 旧市立図書館 旧東奥義塾外人教師館	〃	9:00～16:30	7/1～7/6と1/4～1/9	3館共通券 320円	37-5505
弘前城史料館	弘前公園	9:00～17:00	11/24～3/31	200円	33-8733
弘前城植物園	〃	9:00～17:00	月曜・11/24～4月上旬	300円	33-7424
弘前市立博物館	〃	9:00～16:30	月曜	280円	35-0700
藤田記念庭園	弘前公園南西	9:00～17:00	月曜・11/24～4月上旬	300円	37-5525
旧岩田家住宅	弘前公園北	10:00～16:00	月・木（7～10月）、 月～金（11～3月）	無料	35-9444
旧伊東家住宅	〃	10:00～16:00	火・金（7～10月）、 月～金（11～4月）	無料	35-4724
旧梅田家住宅	〃	10:00～16:00	火・金（7～10月）、月～金 （11月）、全休（12～3月）	無料	〃
石場家住宅	〃	9:00～17:00	不定休	100円	32-1488
川﨑染工場	〃	9:00～17:00 （11～3月は～16:00）	木曜	工房見学200円 （体験料別途）	35-6552
津軽藩ねぷた村	弘前公園北東	9:00～17:00 （12～3月は～16:00）	無休	500円 （体験料別途）	39-1511
青森銀行記念館	元長町	9:30～16:30	火曜・12～3月	200円	33-3638
弘前カトリック教会	百石町	10:00～15:00	日曜午前	無料	33-0175
日本キリスト教団弘前教会	元寺町	10:00～17:00	水・土・日曜	無料	32-3971
日本聖公会弘前昇天教会	山道町	9:00～16:00	日曜と不定	無料	34-6247
長勝寺	禅林街	8:00～17:00（4～10月）、 9:00～16:00（11～12月中旬）	12月下旬～3月	300円	32-0813
最勝院五重塔	銅屋町	9:00～16:30	無休	無料	34-1123

黒石

雪国の風情と人情を残した「こみせ」

くろいし
◉青森県黒石市

吹雪や積雪から通行人を守る「こみせ」は、商家の私有地で通路として提供した“道”だ

かつては雪国でよく見られた風景だという。

建物の通りに面した部分に屋根をつけ、下を人が通行できるようにした「こみせ」は、実用的にも美観的にもすぐれた様式である。ただ、そのこみせが町並みとして残っているのは、もはや黒石と新潟県の高田、栃尾ぐらいで新潟県では雁木《がんぎ》と呼ばれる。

「こみせ」は藩政期からのもの

こみせ通りは、道路両側の歩道の部分にアーケードのある商店街を想像してもらえればイメージはつかめるが、木造であることから、風情や温もりの面でまったくそれとは異なっている。伝統的な建築物にとって受難の時代であった高度成長期をなんとか生き延びたこみせは、歩行者にやすらぎを与える存在として、近年その役割が見直されてきている。

こみせの歴史は藩政期以来のものだが、通りにはその時代の姿を残す商家が幾つか残る。なかでも高橋家は、かつて主に米を扱っていた大商家で、重要文化財の建物は築後250年に近い。

屋号である「米屋」と書かれた暖簾をくぐると、そこからずっと奥まで幅二間の「通り土間」が続いている。通常の土間を延ばしたものだが、雪の深い季節にここで荷の積み卸しをするた

鳴海醸造店の脇の道も風情たっぷり。鳴海醸造店は文化3年（1806）創業

地酒「玉垂」を醸す中村亀吉酒造。外は深い雪ながら蔵の中ではお雛さまを飾り、春を迎える準備

めのもので、これも雪国ならではの工夫である。現在は、14代目としてこの家を守っておられる高橋幸江さんが、この土間というにはあまりに広い場所を使って喫茶店を営んでおられる。

一階だけで納戸を含めて8つの部屋と2つの台所。二階には隠し部屋まで作られている。二階の部屋の天井が低く、外から見ても雪国にしては屋根の勾配が緩いのは、武家に遠慮してのことらしい。それは裏を返せば商人の財

「こみせ」を残す中村亀吉酒造

黒石からバスで20分の黒石温泉郷・温湯温泉。津軽系伝統こけし（温湯こけし）発祥の地

こけしの工人、佐藤佳樹さん（左）。黒石温泉郷・落合温泉近くの津軽こけし館では全国11系統のこけしを公開

力がそれだけ強かった証であろう。

こみせ通りには、「玉垂《たまだれ》」（中村亀吉酒造）と「菊乃井」（鳴海醸造店）という2軒の古い造り酒屋がある。玉垂には、新酒が出来たことを知らせる巨大な球形の酒林（杉玉）が下がっており、NHKの大河ドラマ「いのち」のロケに使われたというだけあって昔ながらのたたずまいを残している。

黒石は、津軽藩のなかに位置するが、分知して黒石藩となってからは、その城下町として独立した存在であった。阿波《あわ》、郡上《ぐじょう》（岐阜県）とならぶ日本三大手踊りのひとつとされる黒石よされなど、全国に知られた伝統ある祭りをもつのも、そのことと無関係ではないだろう。ねぷた祭りも、その運行台数は日本一を誇るという。

それら祭りの会場にもなる御幸公園は、かつて黒石城（陣屋）のあった場所。浅瀬石川《あせいしがわ》を見下ろす見晴らしのいいところである。隣接する教育会館には、黒石出身で文学・演劇・エスペラント運動などの分野に功績を残した秋田雨雀の記念館が設けられている。

黒石を歩く

交通　弘前駅から弘南鉄道弘南線約30分黒石駅下車

問合せ　黒石市商工観光課 ☎0172・52・2111

歩き方　黒石駅から東に歩き、三叉路を右折してこみせ通りを散策する。黒石城跡などによって駅に戻ると2キロ余。半日程度で充分回れるので、黒石温泉郷を宿泊地とするとより充実したプランになる。

重要文化財「高橋家住宅」　喫茶店になっている土間からの見学は可能だが、それ以上の内部は基本的には非公開。10～18時、不定休、12～4月休 ☎0172・52・5374

「いのち」の「中川酒造店」のモデル・中村亀吉酒造　「玉垂大吟醸」「純米酒津軽浪漫」などのほか、「いのち」や「城下町こみせ」といった地酒がある。8時30分～17時、日曜休 ☎0172・52・3361

津軽こけしのボトルがある鳴海醸造店　「菊乃井大吟醸」や「菊乃井純米酒こけしボトル」「純米大吟醸こみせ」などが土産物として人気。8～17時、無休 ☎0172・52・3321

秋田雨雀記念館　南地方教育会館受付で展示室の鍵を開けてもらう。9～16時、日曜、祝日、第2・4土曜休 ☎0172・53・3271

足をのばして黒石温泉郷へ　400年の歴史を誇る温湯《ぬるゆ》温泉、最大規模の落合温泉、静かでゆったりした雰囲気の板留《いたどめ》温泉、ランプの一軒宿で知られる青荷《あおに》温泉の4つを総称して黒石温泉郷という。温湯・落合・板留温泉へは黒石駅から弘南バスで20～30分、青荷温泉へは車で約40分。黒石温泉郷宿泊観光案内所☎0172・54・8622

津軽こけし館　落合温泉の近くにあり、津軽系をはじめ全国のこけしと木地玩具約4000点を展示。9～17時、無休、310円（津軽伝承工芸館との共通券500円）☎0172・54・8181

津軽伝承工芸館　ねぶたや黒石よされ、工芸品等の資料館。9～18時、無休、230円 ☎0172・59・5300

秋田雨雀記念館

こけし館隣りの津軽伝承工芸館

御幸公園近くの浅瀬石川は白鳥の飛来地

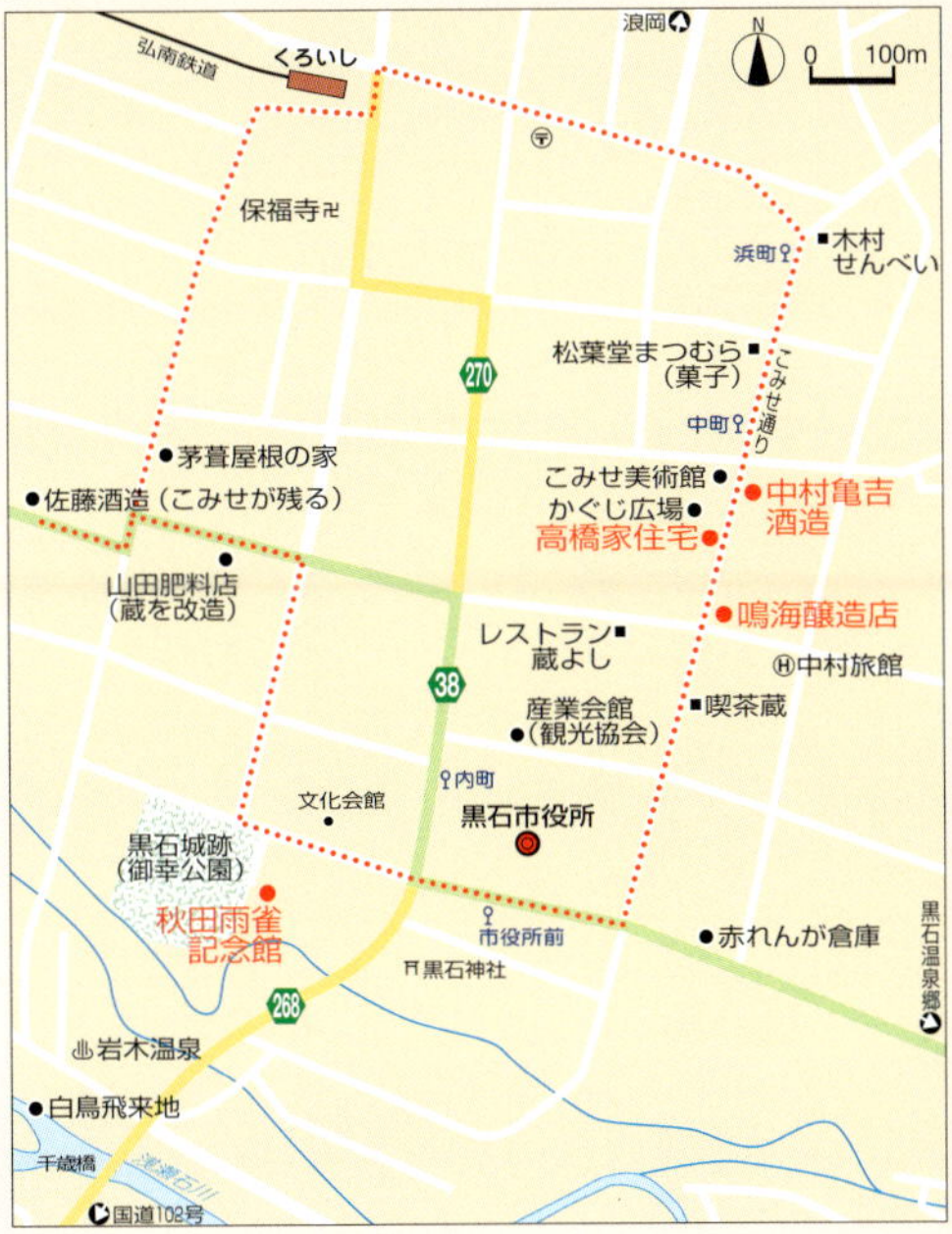

鳴海醸造店の銘酒「菊乃井」など

大正2年創業の中村亀吉酒造の銘酒「玉垂」など

八戸

全国屈指の港町パワーが三社大祭で炸裂

はちのへ
◉青森県八戸市

港に揚がったばかりの魚が並ぶ魚菜小売市場。2階には干物やいちご煮の缶詰などを販売。日曜、第2土曜休み

港町の朝は早い。都会ではまだ朝とは呼ばないような暗い時間から、港はにわかに活気づいてくる。そして、そこで水揚げされた魚介はその活気とともに市場へと運ばれ、農産物など他の物を売る人や買い物に来る人が集まり、朝市が形成される。

漁港に近い陸奥湊《むつみなと》駅前の朝市は、午前3時頃に始まり、6時から7時頃には活気のピークを迎える。その中心は八戸市営魚菜小売市場。広い建物の一階が鮮魚を中心とする売場になっている。そこでは、活きのいい魚が跳ね、売買の声が飛び交う。並べられるのは、水揚げが全国の3割を占めて第1位というイカをはじめ、ホッケや毛ガニなど北の港ならではの魚介類が多い。

通りに出ると、それほど広くはない道の両側に出店がひしめいている。9時頃に片付けてしまうのは、交通の妨げにならないようにという事情もあるようだ。こちらは、魚介類の干物なども多く、ほかに野菜・果物・草花などの店もあり、地元の人が好んで食べるという食用菊もよく見かける。

魚菜小売市場では八戸ならではのホヤやイカ、ウニを求めたい

陸奥湊駅前朝市。八戸では他に3カ所朝市が立つ

イカの水揚げが終わった第二魚市場。イカがトラックに満載

買い物の光景としておもしろいのは、お年寄りを中心に、買い物かごを手に提げるのではなく背中に背負っていることである。これがこの地方での伝統的な買い物スタイルとのことである。

それにしても、売り手も買い手も女性が多く、また高齢化が進んでいる。外から来た者にとっては、活況を呈しているように映る朝市だが、話を聞く

八戸三社大祭では若者も子供も一致団結。大太鼓、小太鼓の連打、笛の音色、引き子のかけ声が八戸の空に響き渡る

と、昔の賑わいはこんなものではなかったという。

人々のライフスタイルの変化は激しい。この町から朝市が消えてしまうのもそう遠い先のことではないのかもしれない。その流れを止めることは難しいが、皆がスーパーに出かけるようになれば、買い物からコミュニケーションという要素がなくなってしまうのではないだろうか。

朝市の西のはずれから湊橋を渡り、卸売の魚市場の方に足をのばしてみる。港には、大きな明かりを多量にぶら下げたイカ釣漁船が何隻も並んでいた。魚市場では朝市とはまた違ったやや緊迫した声が飛び交っている。セリは意外に遅く、9時頃まではやっているという。

このように八戸は典型的な港町だが、城下町としての歴史も古く、なかなか興味深い。のちに盛岡藩主となる宗家の南部氏がまだ三戸《さんのへ》にいた中世の頃、この地はその傍流である根城《ねじょう》南部氏が支配していた。現在その居館が市街地の西部に「根城の広場」として復元されている。近世に入って根城南部氏は遠野に移封となり、八戸は石高十万石の盛岡南部藩領となるが、その後三代藩主の急死にともなってその弟二人で領地を分けることになり、支藩としての八戸藩二万石が成立したのである。

日本一の山車祭り、八戸三社大祭。山車が26台ほど目抜き通りを練り歩く

極彩色あふれる八戸三社大祭は280年余りの伝統を誇る

八戸を歩く

交通　東北新幹線八戸駅からJR八戸線で本八戸駅へ8分、陸奥湊駅へ15分、鮫駅へ20分

問合せ　八戸市観光課
☎0178・43・2111

歩き方　立ち寄りたいポイントが離れているので歩いてつなぐのは難しいが、鉄道・バスを利用して朝市、蕪島《かぶしま》、八戸城、根城、櫛引八幡宮《くしひきはちまんぐう》などを順にめぐるとよい。

陸奥湊駅前朝市　月～土曜は駅の西側の通り、日曜は東側の通りで開かれる。3～9時頃。ピークは6～7時。

藩政期の遺構・八戸城角御殿表門　現在「三八城《みやぎ》公園」と呼ばれている八戸城跡には遺構が少ないが、屋敷の門が南部会館の門として残っている。本八戸駅からすぐ。

史跡根城の広場　広大な敷地に再現された南部氏の居館群は一見の価値がある。9～17時、月曜（祝日の場合翌日）休、250円。八戸駅から南部バス15分根城下車。☎0178・41・1726

八戸市博物館　根城の広場に隣接し、歴史や民俗に関する展示がある。データは根城の広場に同じ。☎0178・44・8111

東北屈指の華やかさを誇る八戸三社大祭　7月31日～8月3日におがみ神社・新羅《しんら》神社・神明宮の三社合同で行われる祭り。各町内から出る山車《だし》には多くの人形がのせられ飾り付けの豪華さが競われる。

国宝を所蔵する「南部一の宮」櫛引八幡宮　国宝の「赤糸縅《あかいとおどし》鎧兜《よろいかぶと》・大袖付」など多くの文化財を有する。国宝収蔵庫は9～17時、無休、300円。八戸駅から車で10分。☎0178・27・3053

足をのばして蕪島へ　ウミネコの繁殖地として天然記念物に指定。鮫駅から徒歩15分。

朝市帰りに海の幸をいただく　陸奥湊駅前の大洋食堂では、新鮮な刺身やイクラにいちご煮を付けたランラン定食2000円などが食べられる。季節によってメニューは変更。7～15時30分、日曜休　☎0178・33・0050

発掘調査に基づいた根城の広場

根城の広場の主殿内部

古社、櫛引八幡宮

大洋食堂のランラン定食

金木《かなぎ》

◉青森県金木町

文庫本片手に太宰治を生んだ津軽の町へ

太宰治の生家、斜陽館。大地主、津島源右衛門が明治40年に建て、2年後に太宰が生まれた

好みは分かれるかもしれない。ただ、太宰治は誰もが気になる作家である。小学生かせいぜい中学生の時までに『走れメロス』に出合って「なんと理想を語る人か」と思い、その後、高校生の時までに『人間失格』を読み、自分のなかのどこかの部分と確実にシンクロするのを感じる。そんな経験をもつ人は少なくないだろう。

車窓から岩木山を望む津軽鉄道。ストーブ列車で有名なこの〝絵に描いたような〟ローカル鉄道は、津軽《つがる》五所川《ごしょが》原《わら》駅から30分足らずで金木駅に到着する。

「これという特徴もないが、どこやら都会風にちょっと気取った町」(『津軽』)と太宰は故郷をそんなふうに表現した。

津軽三味線会館では一日4回、30分の三味線演奏がある

太宰の生家「斜陽館」は駅から近い。敷地は洋風に赤レンガ塀で囲まれているが、建物の外見は和風。中に入れば和室と洋室が混在する和洋折衷の豪邸である。「風情も何もないただ大きいのである」(『苦悩の年鑑』)と太宰が書いたように、確かに和洋どっちつかずの感じがしないでもない。

斜陽館は近年まで旅館として営業していたが、いまは記念館として一般の人にも内部が公開されている。20近くの部屋と3つの蔵のある大邸宅には、彼の愛用品や多くの資料が展示されていて、なかなか歩きごたえがある。

近くの雲祥寺は太宰が幼い頃、乳母のたけによく連れられていった場所。ここの地獄絵を見ながら、嘘をつけば鬼に舌を抜かれるとたけに聞かされて泣き出したという話が『思ひ出』の中にある。そのおどろおどろしい地獄絵は今も本堂に掛かっている。

町の中心から芦野公園に向かう道は、太宰がかつて通学に使った道で、途中には「思い出広場」と呼ばれる休憩所があり、彼が通った金木小学校には「微笑誠心」の碑がある。

桜の名所として知られる芦野湖も太宰がよく遊んだところで、現在は湖に「夢の浮橋」が架けられ、公園として美しく整備されている。湖に突き出た

旧暦6月22〜24日のイタコの口寄せで名高い川倉賽の河原と地蔵尊

津軽鉄道芦野公園駅の駅舎は現在、喫茶「ラ・メロス」に。芦野公園は太宰が少年の頃によく遊んだ場所だ

登仙岬に太宰文学碑が立つ。碑に刻まれた文は、彼が好んで口にしたといわれるヴェルレーヌの詩の一節である。

撰ばれてあることの
恍惚と不安と
二つわれにあり

毎年6月19日の桜桃忌には、ここに多くの人が集う。同日は彼の生誕記念日でもある。彼は昭和23年（1948）6月13日に山崎富栄とともに玉川に入《じゅ》水《すい》、39歳の誕生日である19日に遺体が発見された。

太宰治を歩く旅は、最後に芦野公園駅に行き着く。「蘆野公園といふ踏切番の小屋くらゐの小さな驛」（『津軽』）は、今は無人駅。駅舎が「ラ・メロス」という名の喫茶店になっている。

桜花に染まる芦野公園内を津軽鉄道「走れメロス」が走る

芦野公園の太宰治文学碑

斜陽館には和洋19室がある

金木を歩く

交通 JR五能線五所川原駅から津軽鉄道に乗り換えて25分、金木駅下車

問合せ 金木町企画観光課 ☎0173・53・2111

歩き方 金木駅に近い斜陽館や雲祥寺をめぐり、そこから芦野公園へは思い出広場を経て徒歩で約20分。公園をのんびり散策しても1日行程としては余裕がある。

金木町太宰治記念館「斜陽館」 9～17時、無休、500円 ☎0173・53・2020

金木町津軽三味線会館 元祖・仁太坊が金木町出身であることから、同町は津軽三味線発祥の地とされる。この会館では、歴史等に関する展示のほか、ホールで生演奏を聴くこともできる。9～17時、無休、300円 ☎0173・54・1616

太宰ゆかりの雲祥寺、南台寺 雲祥寺は本堂の地獄絵図「十王曼陀羅」が圧巻。南台寺は太宰の生家・津島家の菩提寺。ともに境内自由。

四季折々の美しさを見せる芦野公園 芦野湖畔に広がる景勝地で、桜の名所。園内には太宰治文学碑、津軽三味線発祥地碑、歴史民俗資料館、児童動物園、オートキャンプ場などがある。園内自由。

金木町立歴史民俗資料館 縄文遺跡、林業、民俗などに関する資料を展示。9～16時、月曜休、100円 ☎0173・53・2294

川倉賽の河原地蔵尊 芦野湖の東にあり、約2000体の地蔵尊が安置されている。恐《おそれ》山《ざん》とともにイタコの霊媒で有名。境内自由 ☎0173・53・3282

芦野公園駅舎を利用した喫茶「ラ・メロス」 切符売場などは当時の雰囲気を色濃く残している。9～17時30分（冬期10～16時30分）、不定休 ☎0173・52・2577

金木町観光物産館「マディニー」 周辺地域を含めた観光情報が得られ、特産品の販売所や食事処もある。土産物には、特産の梅を使ったジュースやゼリー、便箋や色紙などの太宰グッズがおすすめ。食事処の「はな」は、太宰の好物を調べて「太宰らうめん」や「帆立貝焼みそ」「ワカオイのおにぎり」などのメニューがある。9～18時、無休 ☎0173・54・1155

観光物産館「マディニー」

マディニーで金木土産を

マディニー内の「はな」の太宰らうめん、帆立貝焼みそなど

大間

海峡に北海道の灯が揺れる本州最北端の町

おおま
◉青森県大間町

下北半島の最先端、大間で見る落日

海の男たちの顔は逞しい

津軽海峡には、太平洋の三陸沿岸を北上してくる黒潮暖流と、日本海を流れてくる対馬暖流が流れこんでくる。その2つの暖流に乗って、マグロの群れが姿を現わす。

　吉村昭の小説『魚影の群れ』では、この大間沖の漁場環境をそんなふうに説明している。この小説は、「下北半島の突端にある房次郎たちの村」、つまりは大間を舞台にした物語で、この地独特のマグロ一本釣り漁師を主人公としている。相米《そうまい》慎二監督、緒形拳主演で映画化もされたので、ご記憶の方もあるだろう。

「本州最北端」という響きには何か人を引きつけるものがある。関東に住む者も、関西に住む者も、北へ向かって歩けばここへたどり着くのである。実際に大間崎に立ってみると、胸の中でかすかに何かが波立つような感慨がやはり、ある。眼前には大間崎灯台のある弁天島が横たわり、20キロ足らず先の北海道は考えていたよりも近い。夜になればイカ釣り船の漁火と函館の町の灯が海峡を照らす。

　最北という響きが旅人の興味をかき立てるのは、昔も今も同じである。菅江真澄《すがえますみ》、伊能忠敬、松浦武四郎など、過去にも多くの文人や探検家がこの地を訪れている。岬には、最北端の碑とともに、石川啄木の歌碑も立つ。啄木もこの地を訪れた文人の一人で、向かいの弁天島にも足跡を残している。

シーサイドキャトルパーク大間から、まるで蜃気楼のように函館周辺の建物が見える

東海の小島の磯の白砂に
われ泣きぬれて
蟹とたはむる

　一説によれば、この歌はその時のイメージをもとに作られたものだという。

大間崎の辺りの荒磯は昆布の好漁場。港から自宅の庭にまで昆布を干す風景が見られる

港は岬から西海岸を2㌔ほど南に行ったところ。大間は二〇〇〇年のNHK朝のドラマ「私の青空」の舞台となったことで再び脚光を浴び、港沿いの道は「青空通り」と名づけられている。

漁協の冷蔵庫に立ち寄ってみると、今揚げられたばかりのマグロが、氷で満たされた水槽に入れられるところ。マグロの漁期は以前は7月から10月であったが、近年は9月から12月に変わってきているという。70年代後半から大間沖のマグロが激減し、93年に突然戻ってきたということもあったそうで、その動きをつかむのはなかなか難しい。100㌔を超えるマグロが一応大物

夏から秋にかけて、昆布干しで大忙し

「こゝ本州最北端の地」碑。函館まで船で1時間40分だ

とされるが、最大では400キロを超えるものもあるという。大間のマグロは高級品で、一尾数百万円以上の値がつくこともあるが、まったく釣れない日も多く、一本釣りは冒険的な要素が強い。しかも、マグロと数時間格闘することもある激しい労働である。

冷蔵庫では、小物なら釣ったことがあるという中学生が作業を手伝っていた。将来はもちろん海に出るというその少年の胸には、眠らせることのできない大きな魚が棲んでいる。

大間を歩く

交通　JR大湊線下北駅から下北交通バス大畑行き10分むつバスターミナルで佐井行きに乗り換え、大間崎まで1時間20分、大間まで1時間30分

問合せ　大間町産業振興課 ☎0175・37・2111

歩き方　本州最北端の岬・大間崎でのんびりと景色を眺めた後、余裕があれば漁港の町大間を歩いたり、展望台のあるシーサイドキャトルパーク大間へ寄ってみるのもいい。

本州最北の温泉、大間温泉海峡保養センター

眼前に北海道を望む大間崎　本州最北端の碑のほか、石川啄木の歌碑や400キロ級マグロの実物大というマグロモニュメントがある。展望台も兼ねる**大間崎レストハウス**（9～17時、4月15日～10月開館で期間中無休、無料）では、観光情報も得られる。

大間名物のべこ餅

大間稲荷神社　毎年8月8～11日には提灯が揺れ山車が登場する盛大な祭りが行われる。

シーサイドキャトルパーク大間　牛や馬を放牧する観光牧場で、畜産物の資料館（9～17時、月曜休、冬期日曜休、無料）もある。西吹付山展望台からの眺めは壮大で、大町桂月の歌碑が立っている。大間崎から車で5分。問合せは産業振興課へ。

大間土産の代表は、マグロ製品

岩風呂と磯料理が魅力の大間温泉海峡保養センター　天然温泉を擁する公共の宿で日帰り入浴（9～21時、無休、370円）もできる。大間崎や大間から車で5分。☎0175・37・4334

本州最北端の店・大間崎観光土産センター　大間崎の到着証明書を発行したりするユニークな店。マグロの加工食品や木工製品、牛の姿に似せた「べこ餅」などが人気。7～19時（冬期～17時）、無休 ☎0175・37・3744

「小さな町」の交通機関

宮城

◆白石＝宮城交通バス白石営業所　☎0224・25・3204
菊地タクシー　☎0224・26・3121
白石観光タクシー　☎0224・26・2181
◆七ヶ宿＝宮城交通バス白石営業所　☎0224・25・3204
町営バス・七ヶ宿町総務課　☎0224・37・2111
七ヶ宿タクシー観光　☎0224・37・2623
◆村田＝宮城交通バス村田営業所　☎0224・83・2044
相山タクシー　☎0224・83・2040
◆塩竈＝松島湾観光汽船　☎022・366・5111
塩竈市営汽船　☎022・362・1591
小松タクシー　☎022・365・2185
◆岩出山＝池月観光タクシー　☎0229・78・2633
大沼タクシー　☎0229・72・0050
◆登米＝宮城交通バス登米案内所　☎0220・52・2043
とよまタクシー　☎0220・52・2105
◆石森＝宮城交通バス佐沼営業所　☎0220・22・3064
石森観光タクシー　☎0220・34・2630

岩手

◆盛岡＝盛岡駅前バス案内所　☎019・654・9359
盛岡駅タクシー案内所　☎019・622・5240
◆花巻＝岩手県交通バス花巻営業所　☎0198・23・6244
岩手観光タクシー　☎0198・23・4136
◆遠野＝早池峰バス遠野営業所　☎0198・62・6305
遠野交通タクシー　☎0198・62・3355
まるきタクシー　☎0198・62・0123
◆大船渡＝岩手県交通バス大船渡営業所　☎0192・26・3730
かんのタクシー　☎0192・26・5151
◆水沢＝岩手県交通バス水沢駅前案内所　☎0197・23・4214
北都交通　☎0197・24・3111
◆江刺＝岩手県交通バス観光案内所　☎0197・35・2185
江刺タクシー　☎0197・35・2165

青森

◆弘前＝弘南バスターミナル　☎0172・36・5061
弘前ハイヤー協会　☎0172・27・7778
◆黒石＝弘南鉄道本社　☎0172・44・3136
弘南バスターミナル　☎0172・36・5061
◆八戸＝八戸市営バス　☎0178・25・5141
南部バス八戸営業所　☎0178・44・7111
三八五（みやご）交通タクシー　☎0178・43・0385
八戸タクシー　☎0178・22・1181
◆金木＝津軽鉄道金木駅　☎0173・53・2056
弘南バスターミナル　☎0172・36・5061
金木タクシー　☎0173・53・2505
◆大間＝下北交通バス本社　☎0175・23・3111
大見観光タクシー　☎0175・37・2828

福島

◆会津若松＝会津バス若松駅前案内所　☎0242・25・1323
まちなか周遊バス　☎0242・24・3000
あいづタクシー　☎0242・38・1234
若松タクシー　☎0242・26・6655
◆喜多方＝会津バス喜多方営業所　☎0241・22・1151
第一タクシー　☎0241・22・1522
あいづタクシー　☎0241・22・5555
◆三春＝福島交通バス三春営業所　☎0247・62・3171
三春タクシー　☎0247・62・3000
◆大内宿＝会津鉄道湯野上温泉駅　☎0241・68・2533
湯野上タクシー　☎0241・68・2345
マルイタクシー　☎0241・67・2121
◆会津田島＝会津バス田島営業所　☎0241・62・0134
旭タクシー　☎0241・62・1243
◆檜枝岐＝会津バス田島営業所　☎0241・62・0134

山形

◆米沢＝山交バス米沢営業所　☎0238・22・3392
市民バス・米沢市企画調整課　☎0238・22・5111
吾妻観光タクシー　☎0238・22・1317
米沢タクシー　☎0238・22・1225
◆上山＝山交バス上山管理センター　☎023・672・1611
上山タクシー　☎023・672・1122
◆谷地＝山交バス案内所　☎023・632・7272
葉山タクシー　☎023・772・3014
◆肘折温泉＝山交バス案内所　☎023・632・7272
◆金山＝山交バス新庄営業所　☎0233・22・2040
横山タクシー　☎0233・52・2832
◆松山＝庄内交通バス酒田営業所　☎0234・33・7255
松山観光タクシー　☎0234・62・2140
◆羽黒＝庄内交通バス　☎0235・22・2600
羽黒タクシー　☎0235・62・4600

秋田

◆湯沢＝羽後交通湯沢営業所　☎0183・73・1153
雄勝観光タクシー　☎0183・73・2161
湯沢タクシー　☎0183・73・2151
◆横手＝羽後交通横手営業所　☎0182・32・2265
横手観光タクシー　☎0182・33・5110
さくらタクシー　☎0182・32・0120
◆六郷＝羽後交通大曲営業所　☎0187・63・2215
六郷タクシー　☎0187・84・1212
◆角館＝羽後交通角館営業所　☎0187・54・2202
角館観光タクシー　☎0187・54・1144
中仙タクシー　☎0187・54・3136
◆象潟＝羽後交通象潟営業所　☎0184・43・2320
象潟合同タクシー　☎0184・43・2030

●祭り・年中行事カレンダー

※行事の日程は変更される場合があります。
※問合せは各市町村役場へ。

1月

◆15日　だるま市（福島・三春町）
高柴のデコ屋敷で作られただるまやデコ人形を販売。

◆17日　笹野観音初十七堂祭（山形・米沢市）
山伏、信者による健康祈願の火渡りが行われ、城南5丁目県道で一刀彫りの露店も並ぶ。

2月

◆上旬　弘前城雪灯籠まつり（青森・弘前市）
武者絵を飾った雪灯籠が200基立ち並び、幽玄の世界。

◆第2土・日曜　上杉雪灯籠まつり（山形・米沢市）
松岬公園に雪の鎮魂塔が立ち、臨泉閣で雪見の宴を開催。

◆第2土・日曜　犬っこまつり（秋田・湯沢市）
中央公園に巨大な雪のお堂を作り、中に米の粉で作った犬っこを供え盗難魔除けを祈る。

◆11〜15日　カマクラ、竹うち（秋田・六郷町）
豊作祈願の火祭りで、15日夜は、諏訪神社前の畑で男衆が二手に分かれて竹で打ち合う。

◆11日　わんこそば全日本大会（岩手・花巻市）
名物わんこそばを5分で何杯食べられるかを競う。日本全国のみならず外国からも参加。

◆14日　火振りかまくら（秋田・角館町）
米俵や炭俵に縄をつけ、かまどの火を移して振り回し、五穀豊穣と無病息災を祈願。

◆15、16日　かまくら（秋田・横手市）
水神様を祀る行事で、家内安全、五穀豊穣を祈願。かまくらの中に子供がいて甘酒やおもちを振舞う。

◆16、17日　ぼんでん（秋田・横手市）
纏《まとい》に似たぼんでんの豪華さを競いながら、旭岡山神社へ先陣を争って奉納する。

◆17〜20日　八戸えんぶり（青森・八戸市）
〝えぶり〟という農具をもって舞ったのが起源といわれる。農村で行なう豊年祈願の祭り。

3月

◆10日　鹽竈神社帆手祭（宮城・塩竈市）
重さ約1トンの御輿を16人の若者が担ぎ、市内を練り歩く。

4月

◆2、3日　谷地ひなまつり（山形・河北町）
北口通りにひな市が立ち、雛人形やだるまなどが並び、秋葉神社でひな供養の神事を。時代雛飾りの自宅を公開。

河北町の谷地ひなまつり

◆23〜5月5日　弘前さくらまつり（青森・弘前市）
弘前公園の桜、5000本余りが一斉に咲き誇り見事。

◆29〜5月3日　米沢上杉まつり（山形・米沢市）
謙信公出陣の儀式を再現する。松川河畔では川中島合戦の名場面を繰り広げる。

◆28、29日　日高火防祭（岩手・水沢市）
300年の歴史ある町方火消しの祭典。日高神社に参拝後、古趣豊かな音曲と雅なはやし屋台が町中を練り歩く。

5月

◆3〜5日　全日本こけしコンクール（宮城・白石市）
全国のこけし、木地玩具を一堂に集めて展示。

◆3、4日　江刺甚句まつり（岩手・江刺市）
江刺鹿踊《ししおどり》や市民参加の大甚句が繰り広げられる。

◆12日　檜枝岐歌舞伎（福島・檜枝岐村）
江戸時代中期から継承されてきた農民芸能。8月18日、9月第1土曜にも開催する。

6月

◆第2土曜　松山城薪能（山形・松山町）
松山能一番、松山能狂言一番、観世流の素謡などを上演。

◆第2土曜　延年チョウクライロ舞（秋田・象潟町）
金峰神社の例祭で小滝集落の7、8歳から15歳までの女装の男子が仮面をつけ、7種類の舞を舞う。

◆15日　チャグチャグ馬コ（岩手・盛岡市）
色とりどりの装束と鈴を付けた100頭の馬が滝沢村の蒼前神社から盛岡八幡宮まで練り歩く。愛馬の労をねぎらう。

7月

◆2日　半夏《はんげ》まつり（福島・下郷町大内宿）

鎮守高倉神社の御神体を神輿に乗せて歩き、渡御を行う。

◆**10日　鹽竈神社例祭**（宮城・塩竈市）
末社御釜神社の藻塩焼神事でできた塩をお供えし、流鏑馬《やぶさめ》神事などを行う。

◆**22～24日　会津田島祇園祭**（福島・田島町）
江戸時代から続く歴史ある祭りで、花嫁姿の娘たちの七行器《ななほかい》行列、大屋台運行、太々神楽の奉納などを行う。

◆**30～8月5日　黒石ねぷたまつり**（青森・黒石市）
黒石市特有の高欄の付いた人形ねぷたや扇ねぷたが夏の夜を彩る。

◆**31～8月3日　八戸三社大祭**（青森・八戸市）
神話、伝説、歌舞伎などを題材にした山車《だし》と神輿の合同運行、太鼓と笛の音色など、豪華絢爛の絵巻を繰り広げる。

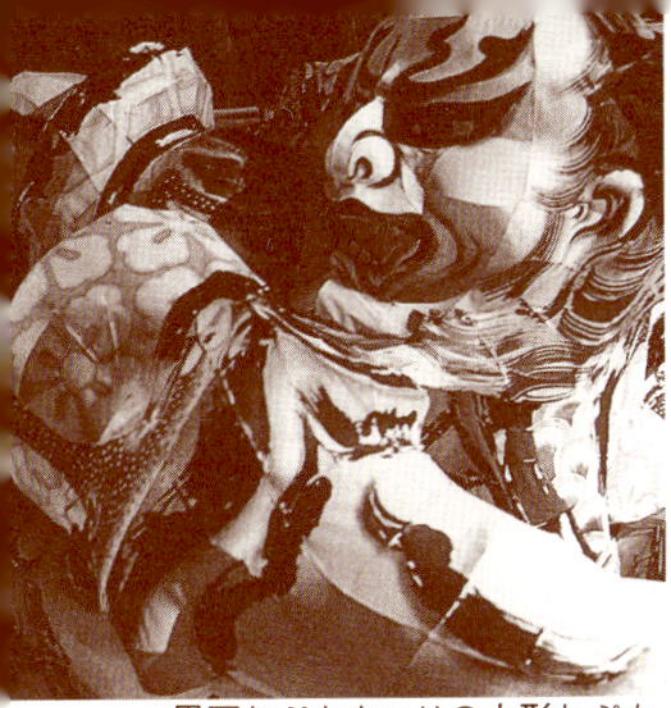
黒石ねぷたまつりの人形ねぷた

8月

◆**1～3日　盛岡さんさ踊り**（岩手・盛岡市）
東北五大祭のひとつで、2万3000の踊り手、600本の笛、5000の太鼓が勇壮。

◆**1～7日　弘前ねぷたまつり**（青森・弘前市）
三国志、水滸伝など原色を生かした色鮮やかな大灯籠、ねぷた60台が市内を練り歩く。

◆**5～7日　七夕絵どうろうまつり**（秋田・湯沢市）
300年の歴史ある祭りで、浮世絵美人が描かれた大小数百の絵灯籠が夕闇に浮かぶ。

◆**5日　みなと祭**（宮城・塩竈市）
鹽竈神社の神輿を乗せた御座船鳳凰丸と、志波彦神社の神輿を乗せた龍頭をかたどった御座船龍鳳丸が、その前後に百数十艘の船団を従え松島湾を渡御する豪華な祭り。

◆**15～17日　黒石よされ**（青森・黒石市）
日本三大踊りのひとつで3000人の流し踊りや近郷近在からの踊り組で熱気あふれる。

◆**20日　松山能**（山形・松山町）
武家から町方に伝えられたという松山能を神明神社の例祭の夜、能楽堂で上演。

◆**23～14日　全県かけ唄大会**（秋田・六郷町）
日本最古の歌謡「歌垣」の流れをくむもの。熊野神社で二人組が仙北荷方節による即興詩の掛け合いを一晩中続ける。

◆**第4日曜　大名行列**（秋田・湯沢市）
愛宕神社の祭礼に奉納する秋田藩佐竹南家の行列で、600人、約2キロに及び絢爛豪華。

◆**31日　八朔《はっさく》祭り**（山形・羽黒町）
出羽三山の修験神事。蜂子神社で山伏たちが護摩壇に火を焚き、豊作と家内安全を祈願。

9月

◆**上旬～中旬　全国かかしまつり**（山形・上山市）
月岡公園に全国各地の多彩なかかしが大集合。

◆**7～9日　角館のお祭り**（秋田・角館町）
神明社と薬師堂の祭り。華やかな曳山が町を練り歩き、飾《お》山囃子《やまばやし》に合わせて舞い、若者たちが山車をぶつけ合う。

◆**第2土曜を中日として金・土・日曜**（岩手・花巻市）
花巻囃子を奏で、山車、樽神輿が繰り出し、華麗な風流踊などの郷土芸能も披露。

◆**14～17日　谷地どんがまつり**（山形、河北町）
谷地八幡宮の例大祭で神輿、稚児行列、囃子屋台の他、石舞台で谷地の舞楽を奉納。

◆**14～16日　盛岡秋まつり**（岩手・盛岡市）
南部藩ゆかりの盛岡八幡宮の祭りで豪華絢爛な山車1台に200の若衆が付き練り歩く。

◆**第3日曜　登米秋まつり**（宮城・登米町）
山車、神輿、武者行列などが練り歩き、宵祭に薪能も奉納。

◆**21日　賢治祭**（岩手・花巻市）
宮沢賢治の命日に詩碑の前で、詩の朗読や童話の上演、篝火を囲んで座談会を開催。

◆**22、23日　会津秋まつり**（福島・会津若松市）
500人を超える歴代藩公行列。武将、殿様、お姫様、白虎隊が加わり勇壮。

◆**最終土・日曜　上杉鷹山《ようざん》公まつり**（山形・米沢市）
松岬公園で鷹山公にちなんだ料理を供する伝国の宴（要前売券）、物産市などを開催。

10月

◆**10日　布袋《ほてい》まつり**（宮城・村田町）
山車に乗った布袋人形が笛や太鼓に合わせて踊り、練り歩く800年の伝統ある祭り。

11月

◆**上旬～23日　時代菊まつり**（福島・会津若松市）
会津武家屋敷で菊花展開催。菊作りの名人による懸崖などが華麗。

12月

◆**中旬　高松観音裸の餅つき**（山形・上山市）
裸の氏子が餅つき唄に合わせて千本杵で餅をつきあげる。

◆**31～1月1日　松例祭**（山形・羽黒町）
羽黒山出羽三山の祭りで、2人の山伏が百日間参籠、精進潔斎した後、神意を競い合う。

宿泊施設

＊料金は１人１泊２食付の目安料金。ただし、Ｓ＝シングル、Ｔ＝ツインの目安料金はルームチャージのみ。素＝素泊り。単位は100円。
＊種別は旅＝旅館、Ｈ＝ホテル、民＝民宿、公＝公共の宿、宿＝宿坊。♨＝温泉
＊宿泊料金は改定されたり、シーズンによって変更される場合があります。
＊宿泊施設によっては無料送迎バスがあります。
＊所要時間は、最寄り駅・バス停を起点にしています。

旅	ホテルニュー山形屋♨	36·2288	110～	徒歩1分
旅	ホテルふじや♨	36·2121	60～130	徒歩5分

◆大内宿（福島県）

問合せ　下郷町観光協会☎0241·69·1144
湯野上温泉旅館組合☎0241·68·2876
＊起点は会津鉄道湯野上温泉駅

旅	御宿つるや旅館♨	68·2146	100～150	徒歩10分
旅	藤龍館♨	68·2888	250～500	徒歩12分
旅	旅館新湯♨	68·2321	100～150	徒歩15分
民	大内宿民宿組合	68·2919	70	車15分

◆会津田島（福島県）

問合せ　田島町商工観光課☎0241·62·6200
＊起点は会津鉄道会津田島駅

旅	和泉屋旅館	62·0048	85～	徒歩5分
旅	丸山館	62·1133	90～	徒歩2分

◆檜枝岐（福島県）

問合せ　尾瀬檜枝岐温泉観光協会☎0241·75·2432
＊起点はバス停檜枝岐中央、バス停アルザ尾瀬の郷前

●バス停檜枝岐中央周辺

旅	かぎや旅館	75·2014	100～	徒歩2分
旅	旅館ひのえまた	75·2324	120～180	徒歩2分

●バス停アルザ尾瀬の郷前周辺

旅	たちばなや旅館新館	75·2319	100～130	徒歩4分

◆米沢（山形県）

問合せ　米沢観光協会☎0238·21·6226
小野川温泉旅館組合☎0238·32·2740
＊起点はJR米沢駅、バス停小野川温泉、バス停白布温泉など

●JR米沢駅周辺

H	東京第一ホテル米沢	24·0411	S70～	車5分
H	ホテル音羽屋	22·0124	S40～70	徒歩2分
H	ホテルサンルート米沢	21·3211	S57～	徒歩15分

●バス停小野川温泉周辺

旅	吾妻園♨	32·2314	120～180	徒歩3分
旅	扇屋旅館♨	32·2521	100～	徒歩2分
旅	亀屋万年閣♨	32·2011	85～110	徒歩3分

◆会津若松（福島県）

問合せ　会津若松旅館ホテル組合☎0242・28・9221
東山温泉旅館協同組合☎0242・27・7051
芦ノ牧温泉旅館協同組合☎0242・92・2336
＊起点は会津若松駅、バス停東山温泉、バス停芦ノ牧中央待合所

●JR会津若松駅周辺

H	会津若松ワシントンホテル	22·6111	S73～	徒歩3分
H	駅前フジグランドホテル	24·1111	S48～65	徒歩1分
H	グリーンホテル会津	24·5181	S56～	徒歩4分
H	ホテル大阪屋	22·5305	S56～	徒歩15分
H	センチュリーホテル	24·1900	S66	車7分
公	サンピア会津♨	22·0600	77～	車20分

●バス停東山温泉周辺

旅	新瀧夢千年♨	26·0001	100～200	徒歩3分
旅	庄助の宿瀧の湯♨	29·1000	100～300	徒歩1分
旅	原瀧別館今昔亭♨	27·6048	240～400	徒歩10分
旅	東山パークホテル新風月♨	26·3690	120～250	徒歩1分
旅	ホテル玉屋♨	27·2015	100～200	徒歩10分
旅	向瀧♨	27·7501	190～250	徒歩1分

●バス停芦ノ牧中央待合所周辺

旅	芦ノ牧グランドホテル♨	92·2221	120～200	徒歩10分
旅	芦ノ牧ホテル♨	92·2206	100～180	徒歩1分
旅	ホテル渓山♨	92·2031	120～200	徒歩10分

◆喜多方（福島県）

問合せ　喜多方旅館組合☎0241·22·0008
熱塩温泉旅館協同組合☎0241·36·3138
＊起点はJR喜多方駅、バス停熱塩温泉

●JR喜多方駅周辺

旅	喜多方温泉おさらぎの宿♨	23·1126	220～280	車7分
旅	笹屋旅館	22·0008	85～120	徒歩10分
旅	旅館俵屋	22·0036	75～100	徒歩7分
H	喜多方グリーンホテル	22·0011	S55	車5分
H	喜多方シティホテル	23·2222	S65	徒歩4分

●バス停熱塩温泉周辺

旅	笹屋本館♨	36·3001	130～180	徒歩5分

横手・横手駅前温泉ゆうゆうプラザ

宿	大進坊	62・2372	80	徒歩5分
宿	壇所院大塚坊	62・2514	75	徒歩3分

●バス停休暇村前

公	休暇村羽黒	62・4270	70～105	すぐ

◆湯沢（秋田県）

問合せ　湯沢市商工観光課☎0183・73・2111

＊起点はJR湯沢駅、バス停秋田いこいの村、バス停泥湯温泉

●JR湯沢駅周辺

旅	佐東旅館	73・1118	65～	徒歩5分
H	湯沢グランドホテル	72・3030	S60～	徒歩3分
H	湯沢ロイヤルホテル	72・2131	S62～80	徒歩6分

●バス停秋田いこいの村

公	秋田いこいの村♨	79・2100	84～118	徒歩2分

●バス停泥湯温泉周辺

旅	奥山旅館♨	79・3021	90	徒歩1分
旅	小椋旅館♨	79・3035	75～	徒歩1分

◆横手（秋田県）

問合せ　横手市観光協会☎0182・33・7111

＊起点はJR横手駅

旅	平源旅館本店	32・0021	130～300	徒歩10分
旅	横手駅前温泉ゆうゆうプラザ♨	32・7777	99～154	徒歩1分
H	よこてグランドホテル	33・1311	S53～	徒歩8分
H	横手ステーションホテル	33・2911	S62～	徒歩1分
H	横手セントラルホテル	33・1551	S68～	徒歩15分
H	横手プラザホテル	33・2111	S72	徒歩1分
公	かんぽの宿横手♨	32・5055	77～89	車10分
公	ホールサムイン横手♨	33・0600	84	車20分

◆六郷（秋田県）

問合せ　六郷町企画課☎0187・84・1111

＊起点はバス停六郷上町

公	六郷温泉あったか山♨	84・2641	コテージ50～	車10分

◆角館（秋田県）

問合せ　角館町観光協会☎0187・54・2700

＊起点はJR角館駅

旅	石川旅館	54・2030	90～180	徒歩12分
旅	鈴の宿登府屋旅館♨	32・2611	100～200	徒歩1分
旅	せせらぎの宿河鹿荘♨	32・2221	100～200	徒歩2分
旅	旅館春木屋♨	32・2711	100～180	徒歩2分
旅	ホテル山川♨	32・2811	100～180	徒歩1分
旅	名湯の宿吾妻荘♨	32・2311	120～180	徒歩1分
旅	やな川旅館♨	32・2211	85～110	徒歩2分
公	ホールサムイン小野川♨	32・2751	70～110	徒歩5分

●バス停白布温泉周辺

旅	季味の宿山の季♨	55・2141	180～280	すぐ
旅	中屋別館不動閣♨	55・2121	120～150	徒歩1分
旅	西屋旅館♨	55・2480	100～180	徒歩1分
旅	ホテル渓山♨	55・2311	90～150	徒歩4分
公	かんぽの宿米沢♨	55・2021	78～130	徒歩5分

◆上山（山形県）

問合せ　上山市観光協会☎023・672・0839

＊起点はJRかみのやま温泉駅

旅	有馬館♨	672・2511	120～250	徒歩10分
旅	彩花亭時代屋♨	672・2451	130～250	車5分
旅	材木栄屋旅館♨	672・1311	100～180	車3分
旅	月岡ホテル♨	672・1212	120～750	徒歩10分
旅	天神の御湯あづま屋♨	672・2222	120～300	車3分
旅	日本の宿古窯♨	672・5454	180～	車5分
旅	はたごの心橋本屋♨	672・0295	130～300	車5分
旅	葉山館♨	672・0885	150～	車5分
旅	ホテル月の池♨	672・2025	160～	車5分
旅	村尾旅館♨	672・2111	120～(サ込)	徒歩10分

◆肘折温泉（山形県）

問合せ　肘折温泉観光案内所☎0233・76・2211

＊起点はバス停肘折温泉第一停留所

旅	大友屋旅館♨	76・2331	85～	徒歩3分
旅	四季の宿松屋♨	76・2041	80～110	徒歩2分
旅	つたや肘折ホテル♨	76・2321	90～150	徒歩6分
旅	優心の宿観月♨	76・2777	110～	徒歩5分
旅	丸屋旅館	76・2021	80～	徒歩3分
旅	若松屋村井六助♨	76・2031	80～	徒歩3分

◆金山（山形県）

問合せ　金山町産業課☎0233・52・2111

＊起点はバス停金山町役場前

公	シェーネスハイム金山♨	52・7761	S70～	車15分

◆羽黒（山形県）

問合せ　羽黒町観光課☎0235・62・2111

＊起点はバス停荒町、バス停休暇村前

●バス停荒町周辺

旅	多聞館	62・2201	70～	徒歩1分
旅	羽黒館	62・2212	85～	徒歩3分

H	ホテルグランドパレス塩釜	367・3111	S73〜	徒歩3分

◆**岩出山**（宮城県）

問合せ　岩出山町産業振興課☎0229・72・1211

＊起点はJR岩出山駅

旅	観光亭	72・0213	60〜70	車5分

◆**登米**（宮城県）

問合せ　とよま振興公社☎0220・52・5566

＊起点はバス停登米案内所

旅	海老紋	52・3161	70（税込）	徒歩5分
旅	鮭武旅館	52・2013	65	徒歩8分

◆**盛岡**（岩手県）

問合せ　盛岡観光協会観光情報プラザ☎019・604・3305

つなぎ温泉観光協会☎019・689・2109

＊起点はJR盛岡駅、バス停つなぎ温泉

●JR盛岡駅周辺

H	北ホテル	625・2711	S73〜	車5分
H	ホテルエース盛岡	654・3811	S63〜	徒歩10分
H	ホテルカリーナ	624・1111	S55〜	徒歩8分
H	ホテルこけし本館	624・1377	S57〜	徒歩5分
H	ホテルニューカリーナ	625・2222	S70〜	徒歩8分
H	ホテル東日本	625・2131	S80〜	徒歩6分
H	ホテルメトロポリタン盛岡	625・1211	S75〜	徒歩1分
H	メトロポリタン盛岡NEWWING	625・1211	S95〜	徒歩3分
H	ホテルリッチ盛岡	625・2611	S65〜	徒歩3分
H	ホテルロイヤル盛岡	653・1331	S73〜	徒歩13分
H	盛岡グランドホテル	625・2111	T150〜	車10分
H	盛岡グランドホテルアネックス	625・5111	S70〜	徒歩15分
H	盛岡シティホテル	651・3030	S61〜	徒歩2分
H	盛岡ニューシティホテル	654・5161	S54〜	徒歩3分
公	エスポワールいわて	623・6251	S60〜	車7分

●バス停つなぎ温泉周辺

旅	愛真館♨	689・2111	100〜200	徒歩3分
旅	湖山荘♨	689・2658	90〜240	徒歩15分
旅	ホテル紫苑♨	689・2288	140〜300	徒歩10分
公	ホールサムインつなぎ♨	689・2546	71〜	徒歩4分

◆**花巻**（岩手県）

問合せ　花巻観光案内所☎0198・24・1931

＊起点はバス停松倉温泉、バス停渡り温泉、バス停志戸平温泉、大沢温泉、バス停新鉛温泉、バス停花巻温泉、バス停台温泉

●バス停松倉温泉

旅	水松園♨	28・2080	80〜130	すぐ

●バス停渡り温泉

旅	花ごころの宿渡り♨	25・2110	120〜200	徒歩5分
旅	田町武家屋敷ホテル	52・1700	朝食付105〜125	徒歩7分
旅	旅館やまや	53・2626	85〜150	すぐ
H	角館プラザホテル	54・2727	S50〜	徒歩15分
H	フォルクローロ角館	53・2070	T120〜130	すぐ
公	角館温泉花葉館♨	55・5888	100〜140	車15分

◆**象潟**（秋田県）

問合せ　象潟町商工観光課☎0184・43・3200

＊起点はJR象潟駅

旅	たつみ寛洋ホテル	32・5555	110〜	徒歩3分
旅	象潟シーサイドホテル	43・4111	90〜170	車5分
公	サン・ねむの木♨	43・4960	88〜135	徒歩13分

◆**白石**（宮城県）

問合せ　白石市商工観光課☎0224・22・1321

＊起点はJR白石駅、JR白石蔵王駅、バス停小原温泉、バス停スパッシュランドしろいし前、バス停鎌先温泉

●JR白石駅周辺

H	パシフィックホテル白石	25・3000	S59〜	徒歩1分

●JR白石蔵王駅周辺

H	白石蔵王パレスホテル	25・3111	S69	徒歩1分
公	かんぽの宿白石♨	26・3161	77	車10分

●バス停小原温泉周辺

旅	旅館かつらや♨	29・2121	80〜250	徒歩3分
旅	ホテルいづみや♨	29・2221	100〜200	徒歩3分

●バス停スパッシュランドしろいし前

公	スパッシュランドしろいし♨	29・2326	93〜103	徒歩1分

●バス停鎌先温泉周辺

旅	木村屋旅館	26・2161	100〜250	徒歩1分
旅	四季の宿みちのく庵♨	26・2111	180〜300	徒歩7分
旅	湯主一條旅館	26・2151	130〜200	徒歩3分
旅	最上屋旅館	26・2131	80〜120	徒歩3分

◆**塩竈**（宮城県）

問合せ　塩竈市商工観光課☎022・364・1124

＊起点はJR本塩釜駅

旅	ホテルふみや	366・2111	120〜180	徒歩2分

白石・鎌先温泉最上屋旅館

花巻・大沢温泉山水閣

H	ホテルニュー江刺新館イーズ	35・6101	S65	車7分

◆弘前（青森県）

問合せ　弘前市立観光館☎0172・37・5501

＊起点はJR弘前駅

旅	石場旅館	32・9118	85～130	車5分
旅	緑ヶ丘温泉♨	37・1211	100～160	車10分
H	駅前ホテルニューレスト	33・5300	S63～	徒歩2分
H	シティ弘前ホテル	37・0109	S78～	徒歩1分
H	弘前国際ホテル	37・5550	S68～	徒歩12分
H	弘前プリンスホテル	33・5000	S54～	徒歩4分
H	ホテルニューキャッスル	36・1211	S77～	徒歩15分

◆黒石（青森県）

問合せ　黒石温泉郷宿泊観光案内所☎0172・54・8622

＊起点は弘南鉄道黒石駅、バス停津軽こけし館

●弘南鉄道黒石駅周辺

旅	青荷温泉♨	54・8588	85～100	車40分
旅	板留温泉丹羽旅館♨	54・8021	100～140	車25分
旅	温湯温泉三浦屋旅館♨	54・8401	80～100	車20分

●バス停津軽こけし館周辺（落合温泉）

旅	花禅の庄♨	54・8226	200～250	徒歩5分
旅	ホテルちとせ屋♨	54・8211	120～160	徒歩5分

◆八戸（青森県）

問合せ　八戸市旅館ホテル協同組合☎0178・45・2861

＊起点はJR本八戸駅

旅	はちのへゆーらんど新八温泉♨	29・4126	98～120	車5分
H	八戸グランドホテル	46・1234	S80～	徒歩7分
H	八戸パークホテル	43・1111	S65～	徒歩15分
H	八戸プラザホテル	44・3121	S65	徒歩5分
H	八戸第1ワシントンホテル	46・3111	S71～	徒歩15分
H	JALシティ八戸	46・2580	S78～	徒歩15分
公	青森厚生年金休暇センター	23・5151	S48	車15分

◆大間（青森県）

問合せ　大間町産業振興課☎0175・37・2111

＊起点はバス停大間

公	大間温泉海峡保養センター	37・4334	71～120	車5分

●バス停志戸平温泉

旅	ホテル志戸平♨	25・2011	150～300	徒歩2分
旅	山翠亭	25・2288	240～360	徒歩10分

●バス停大沢温泉

旅	山水閣	25・2021	130～170	徒歩1分
公	花巻ふじの木	25・2218	70～	徒歩7分

●バス停新鉛温泉

旅	愛隣館	25・2341	120～150	すぐ

●バス停花巻温泉周辺

旅	青葉館	27・2111	100～130	徒歩5分
旅	佳松園	27・2111	280～800	徒歩5分
旅	ホテル紅葉館	27・2111	150～350	徒歩5分

●バス停台温泉周辺

旅	菊昭旅館	27・2055	70～130	徒歩3分
旅	炭屋台の湯	27・2561	160～200	徒歩3分
旅	ホテル三右エ門	27・4511	90～150	徒歩3分

◆遠野（岩手県）

問合せ　遠野市観光協会☎0198・62・1333

＊起点はJR遠野駅

旅	旅館平澤屋	62・3060	75～120	徒歩6分
旅	旅館福山荘	62・4120	70～100	徒歩5分
旅	ホテルきくゆう	62・2251	90～	徒歩2分
H	ホテル鍋城	62・3555	S65（朝食付）	徒歩5分
H	フォルクローロ遠野	62・0700	50～（朝食付）	徒歩1分
公	たかむろ水光園	62・2839	90～	車15分
民	曲り家	62・4564	98	車6分

◆大船渡（岩手県）

問合せ　大船渡市商工観光課☎0192・27・3111

＊起点はJR大船渡駅、バス停碁石海岸

●JR大船渡駅周辺

旅	オーシャンビューホテル丸森	27・1531	85～150	車5分
H	大船渡プラザホテル	26・3131	S72	徒歩2分

●バス停碁石海岸周辺

旅	ホテル碁石	29・2141	80～150	徒歩10分

◆水沢（岩手県）

問合せ　水沢市商工労働課☎0197・24・2111

＊起点はJR水沢駅

旅	翠明荘	25・3311	65～	徒歩5分
H	プラザイン水沢	25・8811	S60～75	車5分
H	水沢グランドホテル	25・8311	S60	徒歩3分

◆江刺（岩手県）

問合せ　江刺市観光協会☎0197・35・2111

＊起点はJR水沢江刺駅

H	江刺ロイヤルホテル	35・7811	S50	車5分
H	ホテルニュー江刺本館	35・6101	S55	車7分

執筆＝
峰　順一（福島県、山形県、秋田県）
竹内鉄二（岩手県、青森県）
入江織美（宮城県）

写真＝
真島満秀
猪井貴志
加藤庸二
長根広和

地図＝
(株)コーナーポケット

デザイン＝
山本忠義

編集・制作＝
(有)オフィス入江

編集協力＝
井畑眞理子

製版ディレクター＝
松山龍二

※本書の取材・編集にあたっては、関係市町村、観光協会、各施設、その他の方々にご協力いただきましたことを感謝いたします。

歩く旅シリーズ
東北小さな町小さな旅

2001年9月　初版第1刷
2003年4月　改訂第2版第1刷②

発行人　川崎吉光
発行所　株式会社山と溪谷社
〒105-8503　東京都港区芝大門1-1-33
☎03-3436-4055（営業部）
編　集　山と溪谷社大阪支局
〒531-0072　大阪市北区豊崎3-13-6
ウイング北梅田2F
☎06-6374-2223（編集部）
☎06-6374-2238（営業部）
郵便振替00180-6-60249
http://www.yamakei.co.jp
印刷・製本　凸版印刷株式会社

定価はカバーに表示してあります。

ISBN4-635-01132-1